GALERIE

DU

MUSÉE NAPOLÉON.

TOME CINQUIÈME.

GALERIE

DU

MUSÉE NAPOLÉON,

PUBLIÉE PAR FILHOL, GRAVEUR,

Et rédigée par LAVALLÉE (JOSEPH), Secrétaire perpétuel de la Société philotechnique, des Académies de Dijon et de Nancy, de la Société royale des Sciences de Gothbourg, etc.

DÉDIÉE

A S. M. L'EMPEREUR NAPOLÉON I.ᴱᴿ.

TOME CINQUIÈME.

PARIS,

Chez FILHOL, Artiste-Graveur et Éditeur, rue du Théâtre-Français, N.º 35.

DE L'IMPRIMERIE DE GILLÉ FILS.

1808.

TABLE

DU CINQUIÈME VOLUME.

LIVRAISONS DE 49 A 60.

GRAVURES DE 289 A 360.

SUJETS DE PEINTURES.

NOMS DES MAITRES.	ÉCOLES.	EXPOSITION DES SUJETS.	NUMÉROS des Planches.
Lenain	Flamande . . .	Le Maréchal et sa famille . . .	344
Lesueur (Eus.)	Française . . .	Le comte Roger visitant Saint Bruno	301
Idem	Idem	S. Bruno reçoit l'habit de l'ordre.	343
Liévens (Jean) . . .	Flamande . . .	Portrait d'un Rabbin	323
Metzu (G.)	Idem	Un Chasseur	309
Idem	Idem	Un Militaire faisant servir des rafraîchissemens.	345
Miéris (F.)	Idem	Scène maternelle	302
Idem	Idem	Le Joueur de vielle	335
Netscher (G.)	Idem	Netscher, sa femme et sa fille .	321
Ostade (A.)	Idem	Tabagie	297
Idem	Idem	Joueurs et fumeurs	351
Potter (P.)	Idem	Deux chevaux à l'auge. . . .	322
Poussin (N.)	Française . . .	Moïse foulant aux pieds la couronne de Pharaon.	307
Idem	Idem	Une Bacchanale.	331
Raphaël.	Italienne. . . .	Portrait du comte de Castiglione.	359
Rembrant.	Flamande . . .	Le Ménage du Menuisier . . .	291
Idem	Idem	Portrait de femme.	311
Idem	Idem	Le bon Samaritain.	314
Idem	Idem	La Présentation au Temple. . .	325
Idem	Idem	Son portrait	329
Idem	Idem	Idem	333
Romain (Jules) . . .	Italienne. . . .	La Vierge et l'enfant Jésus. . .	355
Roos (J. de)	Flamande . . .	Un Paysage	358
Rubens	Idem	La Descente de Croix	289
Swanevelt (H.) . . .	Idem	Un Paysage.	292
Steen (J.)	Idem	Une femme à laquelle on tâte le poulx	327
Ténières (David) . . .	Idem	Le Fumeur.	315
Idem	Idem	Le Rémouleur	333
Idem	Idem	L'Alchimiste dans son laboratoire.	357
Therburg (G.) . . .	Flamande . . .	Une dame à sa toilette	350
Tintoret.	Italienne. . . .	Son portrait	299
Vernet (J.)	Française . . .	Vue du pont Rotto	298
Idem	Idem	La Bergère des Alpes	316
Werff (Van der) . . .	Flamande . . .	La mort d'Abel.	349
Winants (J.)	Idem	Paysage	310
Wouvernans.	Idem	Halte de Chasseurs	352
Ecole Flamande . . .	Idem	Portrait d'un militaire	341

SCULPTURES.

FIN DE LA TABLE DU CINQUIÈME VOLUME.

Des.ᵉ par Sch. Le Roy.   Grave par Pigeot.

DESCENTE DE CROIX.

EXAMEN
DES PLANCHES.

QUARANTE-NEUVIÈME LIVRAISON.

PLANCHE PREMIÈRE,

RUBENS (P. P.).

LA DESCENTE DE CROIX; *peint sur bois ; hauteur quatre mètres trente centimètres ou douze pieds onze pouces ; largeur trois mètres seize centimètres ou neuf pieds six pouces.*

LE magnifique tableau dont nous allons donner la description jouissait d'une réputation colossale avant qu'il appartînt à la France, et peu de productions pittoresques en obtinrent une semblable. Le plaisir de le voir tenait une grande place dans les jouissances que les curieux se promettaient de leurs voyages en Belgique, et l'une des premières questions qu'on leur faisait à leur retour, était toujours : Avez-vous vu le beau tableau d'Anvers ? Au reste rien n'était oublié par ceux qui le possédaient pour entretenir, dans l'opinion des étrangers, la magie de cette grande renommée. Quoiqu'il fût exposé dans la Cathédrale d'Anvers, il était constamment enfermé sous de larges volets, qui, peints eux-mêmes, étaient aussi des tableaux précieux ; il fallait en solliciter l'ouverture comme une faveur; on la faisait souvent attendre long-tems ; quand on l'accordait, on en exaltait le prix. On usait d'adresse, de politique même dans le choix de l'heure où l'on devait la recevoir ; et quand on permettait enfin à l'œil du voyageur, de parcourir rapidement les beautés nombreuses de ce poème admirable, bientôt les volets jaloux se refermaient sur lui, et le subalterne, qui dans cette occasion faisait les fonctions de *Cicerone*, détaillait avec emphase les nobles présens qu'en pareille circonstance, il avait reçus de tels Rois, de tels Princes, de tels magnifiques Seigneurs.

Il était à craindre que ce tableau, maintenant exposé à tous les regards, dans la Galerie Napoléon, ne perdît quelque chose quand il serait dépouillé des petites ressources employées par la charlatannerie, et que des jugemens sévères ne succédassent à cette vénération, commandée pour ainsi dire depuis tant d'années à ceux qui désiraient en approcher. Mais bien loin que cette épreuve l'ait fait décroître dans l'opinion, elle n'a fait qu'ajouter à l'admiration qu'il mérite ; et placé à côté de ce que l'Ecole d'Italie a produit de plus recommandable, ce chef-d'œuvre s'y soutient avec avantage, et sort victorieux de cette confrontation dangereuse ; et certes, l'on peut affirmer aujourd'hui, que si le Poussin l'eût connu, lorsqu'il indiqua les trois tableaux qu'il estimait être les plus beaux du monde, il ne l'eût point oublié ; à moins que le Poussin, ce qui est présumable, n'ait entendu parler que des tableaux de Rome.

Le sujet traité par Rubens occupa d'autres peintres célèbres ; il réunit au grand intérêt religieux, le grand intérêt de l'histoire, de la poésie et du sentiment ; en effet, c'est le prélude des derniers devoirs rendus à la dépouille mortelle, dont un Dieu daigna se revêtir pour sauver le genre humain. C'est l'époque de l'origine de l'une des plus grandes révolutions opérées dans les opinions du monde, et dont les résultats ont tant influé sur les destinées des nations. C'est une mère, une famille, des amis éplorés que leur douleur rassemble, et dont les forces se réunissent pour recueillir les restes glacés du Juste, que l'erreur et les passions ont dévoués au plus honteux supplice. Que de motifs pour éveiller l'imagination de l'homme de génie ! Aussi les Arts comptent-ils plusieurs tableaux capitaux consacrés à ce sujet. Il en est un surtout dont les ultramontains ne parlent qu'avec enthousiasme, et c'est la Descente de Croix de Daniel Ricciarelli, plus généralement connu sous le nom de Daniel de Volterre, qu'il peignit à fresque dans l'église de Saint Etienne du Mont à Rome. C'est le plus capital des huit tableaux de la même histoire, qu'il exécuta dans cette église. Mais la réputation de celui-ci ne doit atténuer en rien celle de l'autre ; et peut-être même, serait-ce un système plus dangereux qu'utile aux Arts, que d'établir ces sortes de comparaisons entre deux chefs-d'œuvres, et de fonder les préférences que l'on accorderait à l'un ou à l'autre, sur des jugemens toujours sujets à révision, puisqu'ils dépendent entièrement de la manière dont sont organisés ceux qui les prononçent. En effet, parce que tel sera vivement frappé par le grandiose du dessin, l'effet des reliefs, la beauté du groupe des femmes évanouies, que l'on admire dans l'ouvrage de Daniel de Volterre, s'en suit-il que les autres ne soient plus sensibles à la justesse de la pensée, à l'habileté de la composition, au charme indicible de la couleur que possède celui de Rubens. L'un saura gré à l'école de Michel-Ange de s'être, dans toutes ses productions, plus attachée à étonner par le savoir, qu'à toucher par le pathétique; l'autre rendra grace à Rubens d'avoir constamment cherché à parler au cœur, à éveiller la sensibilité, à intéresser sur le sort de ses personnages. Il faut, ce me semble, que les productions des Arts, et en particulier celles de la peinture, jouissent entr'elles d'une indépendance absolue; sans cela les beautés de l'une seront toujours au détriment des beautés de l'autre; et au lieu de former des artistes, on ne fera que des sectaires. Voici maintenant comme Rubens a traité son sujet :

Le peuple que la curiosité avait attiré au crucifiement s'est éloigné, les bourreaux se sont retirés, les serviteurs et les amis du Christ sont arrivés pour l'ensevelir. Déjà le corps est détaché : les pieds ont été décloués les premiers, et l'on a passé entre le Christ et la Croix un large linceuil, dont l'un des deux hommes montés au haut de la Croix, retient une des extrémités entre ses dents, tandis que d'un bras nerveux il s'appuie sur la traverse, et de l'autre laisse doucement glisser le Christ sur le linceuil. Saint Jean le corps penché en arrière, un pied posé par terre, l'autre fortement arcbouté sur un des échelons de l'échelle, reçoit sur ses deux bras le corps qui s'abandonne sur lui de tout son poids, tandis que la Madeleine à genoux a saisi la jambe gauche du Christ, pour alléger le fardeau que Saint Jean ne pourrait peut-être pas supporter long-tems. Deux autres personnages placés pyramidalement sur l'échelle posée dans l'autre partie du tableau ont saisi l'autre bord du linceuil et le retiennent, pour empêcher que le corps ne glisse avec trop de rapidité. Au-dessous d'eux une des Saintes Femmes, et c'est la Vierge revenue de son évanouissement, les bras tendus s'apprête à retenir le corps, si la chûte en était trop rapide. Salomé que l'excès de la douleur avait terrassée, jette un œil douloureux sur cette scène de deuil. Enfin, un dernier personnage descend de l'échelle à reculons, pour venir seconder Saint Jean, et semble recommander aux deux hommes qui se trouvent au haut de la croix, de n'abandonner ni le corps, ni le linceuil, jusqu'à ce qu'il soit lui-même rendu à terre.

Il règne dans cette belle composition une unité parfaite; tous les acteurs se rattachent à l'action et y prennent une part directe. Quoique le Christ soit évidemment expiré, son corps conserve encore de la souplesse; les membres, la tête, le torse, cèdent aux lois de la pesanteur; l'ensemble de cette figure est d'un dessin pur, et n'offre ni sécheresse, ni affectation.

La critique s'exerça plus d'une fois sur ce chef-d'œuvre, et plus dans le dessein de le déprécier que dans l'intention de servir l'Art par des remarques judicieuses. C'est ainsi, par exemple, que dans un ouvrage cependant estimable, on voit avec surprise l'auteur prêter à la figure de Salomé une expression que rien n'excuserait dans un sujet aussi grave, et que l'immortel Rubens, si connu par la chasteté et la décence de son pinceau, eût repoussée. La profonde douleur de Salomé, les larmes qui sillonnent ses joues, l'abattement général que l'on remarque dans tout son corps, rejetent bien loin l'idée du sentiment que cet auteur lui suppose. Il voudrait également que les larmes inondassent le visage de Saint Jean, de Joseph d'Arimathie, et des autres amis du Christ. La connaissance de la nature, et l'observation des affections de l'ame dans les deux sexes, contredisent le reproche que ce critique adresse encore ici à Rubens; les larmes sont le partage des femmes, la douleur est plus concentrée dans l'homme; et dans la circonstance présente, où ceux que Rubens a mis en scène sont occupés d'une action pénible et fatigante, ce peintre eut commis un contre-sens impardonnable, s'il leur eût prêté des larmes, qui n'étant que l'effet d'une convulsion purement physique, produisent, tant qu'elles durent, l'anéantissement de toutes les forces.

Rubens exécuta ce bel ouvrage pour la confrairie du Mail, à Anvers, et ce fut, selon toute apparence, d'après l'invitation du Bourguemestre Nicolas Rochox son protecteur et son ami, dont il plaça le portrait sur celui des volets, où il représenta la Présentation au Temple. Ce Tableau décorait encore l'autel de cette Confrairie, dans l'église Ca-

S. BOURDON.

HALTE DE BOHEMIENS.

thédrale de Notre-Dame d'Anvers, lorsque les Français conquérans de la Belgique l'en retirèrent, pour le faire transporter à Paris.

M. Barbier Valbonne, peintre, dont nous avons déjà eu occasion de parler, en décrivant le Saint Martin de Wan-Dick, et qui fut chargé de recueillir les riches monumens de peinture que possédait Anvers, trouva chez les Chanoines de la Cathédrale, une répétition en petit de cette Descente de Croix, également peinte par Rubens. Elle offre non moins de beautés, et peu de différence dans la composition et l'exécution. Nous ne la publierons pas, parce que nous ne ferions que répéter ce que nous avons dit dans cet article.

On veut que Louis XIV ait désiré de posséder le Tableau d'Anvers, qu'il l'ait demandé et qu'il ait été refusé ; nous ne garantissons pas cette anecdote, qui nous paraît peu conforme à la dignité de Louis XIV, et au respect qu'on lui portait en Europe.

Plusieurs grands peintres flamands ont copié ce tableau. La ville de Saint-Omer possédait une de ces copies, que l'on voyait, si je ne me trompe, à l'abbaye de Saint-Bertin. La plus distinguée de ces copies est celle que fit Gaspard Van Optal, en 1704, pour M. le Maréchal de Villeroi. Il a été de même multiplié par plusieurs graveurs ; la plus recommandable de ces gravures est celle de Lucas Vosterman.

PLANCHE II.

BOURDON (SÉBASTIEN), né à Montpellier en 1616, mort à Paris 1671.

HALTE DE BOHÉMIENS, *peint sur bois ; hauteur quarante-trois centimètres trois millimètres ou quinze pouces neuf lignes ; largeur cinquante-huit centimètres trois millimètres ou vingt-un pouces six lignes.*

De tous les peintres français, celui dont le talent a réuni le plus de parties de l'Art, est sans contredit Sébastien Bourdon ; il fut grand compositeur, coloriste délicat, habile paysagiste, célèbre graveur. Quoi-qu'il tienne un des premiers rangs parmi les peintres d'histoire, on peut dire néanmoins que le Genre proprement dit ne lui était point étranger ; et à cet égard il est l'égal des Laar, des Steein et supérieur à Jean Miel ; et en le confrontant avec eux, on lui reconnaît même alors une sorte de noblesse que n'ont point les plus habiles peintres flamands. Quand on passe en revue les ouvrages de cet homme recommandable, il est permis de s'étonner de sa prodigieuse facilité à transformer les couleurs de sa palette. Retrace-t-il un trait de l'histoire ? Son coloris est toujours suave, blond, argentin. S'il représente un paysage, il y réunit la touche mâle, le ton austère du Poussin. Peint-il une scène de mendians ? son harmonie se rembrunit ; il donne à ses personnages la nuance livide de la misère, et laisse apercevoir au travers de leurs haillons, que leurs besoins sont plutôt le fruit de leur inconduite que le résultat d'une malheureuse mais honorable indigence. Au reste, il dut peut-être cette féconde variété de tons à l'habitude d'imiter beaucoup de peintres célèbres très-différens de faire, que la nécessité de pourvoir à son existence lui fit contracter dans sa jeunesse à Rome ; et pour en juger, il suffit de dire que la même main à qui l'on dut le célèbre tableau du crucifiement de Saint Pierre, ne dédaigna point de descendre aux bambochades, et y réussissait également.

Dans le tableau que nous publions aujourd'hui, le Bourdon a re-présenté une famille, non de bohémiens comme l'indique le titre, mais plutôt, ce me semble, de charlatans de foire ou comédiens ambulans comme le démontrent les cuirasses, les brassards, les halebardes et autres accessoires disséminés autour de la troupe. Elle est campée aux pieds d'un vieux monument, et non loin d'un ruisseau. On aperçoit s'élever contre les parois du monument la fumée d'un feu que ces bateleurs ont allumé, sans doute pour préparer leur repas. En attendant, quel-ques-uns jouent aux cartes ; deux autres debout, dont l'un porte un tam-bour sur le dos, regardent les joueurs. Sur le devant, une femme assise dont les vêtemens sont sales et en désordre, allaite un enfant ; derrière elle est un jeune garçon appuyé contre le piédestal d'une colonne, et à ses côtés une jeune fille endormie ; tandis qu'un homme, le di-recteur de la troupe peut-être, armé d'une longue rapière pendue à une bandouillère, monté sur un vieux cheval, dont le col tendu et le pied droit de derrière qui ne repose que sur la pince du sabot, annoncent assez la fatigue, se penche pour donner des ordres à quelqu'un que l'on n'aperçoit pas, et par ce mouvement a laissé glisser de dessus ses épaules son manteau qui couvre la croupe du cheval. Enfin le der-nier personnage de cette scène est le chien de la troupe, qui, sur le

LE MÉNAGE DU MENUISIER.

PASSAGE.

devant, se désaltère dans le ruisseau. Un tonneau, des marmites, des poêlons et autres ustensiles occupent un des coins de ce tableau, dont l'effet est très-pittoresque, et dans lequel on retrouve tout le talent de son auteur.

PLANCHE III.

REMBRANT.

LE MENAGE DU MENUISIER ; *peint sur bois ; hauteur quarante-trois centimètres huit millimètres ou un pied quatre pouces ; largeur trente-six centimètres ou un pied un pouce.*

Ce charmant ouvrage, du plus extraordinaire des peintres hollandais, nous paraît mal désigné sous ce nom de Famille du Menuisier. La doloire, instrument étranger au menuisier, dont cet homme se sert en est la preuve. C'est plutôt l'atelier d'un boisselier ou d'un charron où cet ouvrier travaille, tandis que son épouse allaite son enfant, et que sa vieille mère a suspendu sa lecture pour caresser cette innocente créature.

S'il est permis d'assigner des époques au talent de cet inimitable peintre, on peut affirmer que cet ouvrage date de la plus brillante. Il n'est point inférieur à son célèbre tableau de la Femme Adultère, que possède dans ce moment-ci M. de la Fontaine, négociant, soit par la finesse de l'exécution, soit par l'harmonie. Le nôtre est cité depuis long-tems comme l'un des plus précieux de Rembrant, et nous ne balançons pas à le mettre au premier rang, entre les belles productions de ce peintre que possède le Musée Napoléon.

PLANCHE IV.

SWANEVELT (HERMAN) dit HERMAN d'Italie, né à Woerden en 1620, mort à Rome en 1690, élève de CLAUDE LORRAIN.

UN PAYSAGE AU SOLEIL COUCHANT ; *peint sur toile ; hauteur soixante-sept centim. six millim. ou deux pieds six lignes ; largeur quatre-vingt-quatorze cent. ou deux pieds dix pouces six lignes.*

Un homme et une femme chargés de paquets, reviennent ensemble de la Ville. Plus loin, des Bergers font paître leurs troupeaux. On voit dans le fond , un vieux Château éclairé au Soleil couchant , et au pied duquel coule une rivière.

La chaleur des soirées d'Italie est bien exprimée , les arbres bien groupés , et le site pittoresque ; mais les premiers plans sont faibles d'exécution. L'Auteur est ici bien loin de son célèbre maître.

C'est le seul ouvrage de cet artiste qui soit exposé au Musée Napoléon ; on en voit un autre dans la Galerie du Sénat Conservateur ; mais ils ne peuvent, ni l'un ni l'autre, être considérés comme de belles productions de ce peintre, qui a joui d'une réputation assez distinguée en Italie, pour que son nom ait pu se conserver , et ses paysages être recherchés en concurrence avec ceux de Claude Lorrain.

PLANCHE V.

DOV (Gérard Dov).

UNE VIEILLE FEMME LISANT ; *peint sur bois et oblong ; hauteur douze centimètres ou quinze pouces six lignes ; largeur neuf centimètres ou trois pouces six lignes.*

Une vieille femme assise devant une table tient un livre; ses mains jointes annoncent qu'elle s'occupe d'une lecture pieuse. Quelques personnes pensent que l'artiste a représenté sa mère ; cette opinion est d'autant plus fondée , qu'il y a beaucoup de ressemblance entre cette femme et celle plus âgée , qui , dans un autre tableau du même maître , lit la Bible. Celui-là est un chef-d'œuvre, et le Musée le possède également; celui-ci est d'une bonne couleur et d'une exécution précieuse.

PLANCHE VI.

MERCURE. STATUE; *hauteur deux mètres ou six pieds.*

Cette statue est de marbre pentelique. Les ailes qu'elle porte sur la tête et le caducée prouvent suffisamment que c'est un Mercure. Les ailes sont une restauration ; mais elles étaient indiquées par les deux trous dans lesquels les anciennes étaient placées. Une partie du caducée a été de même restaurée. Cette belle figure a beaucoup d'analogie avec le Mercure du Vatican que l'on voit également dans la salle de l'Apollon.

G. DOW.

Dessiné par Plonski   Gravé par Baudroit

UNE VIEILLE FEMME LISANT.

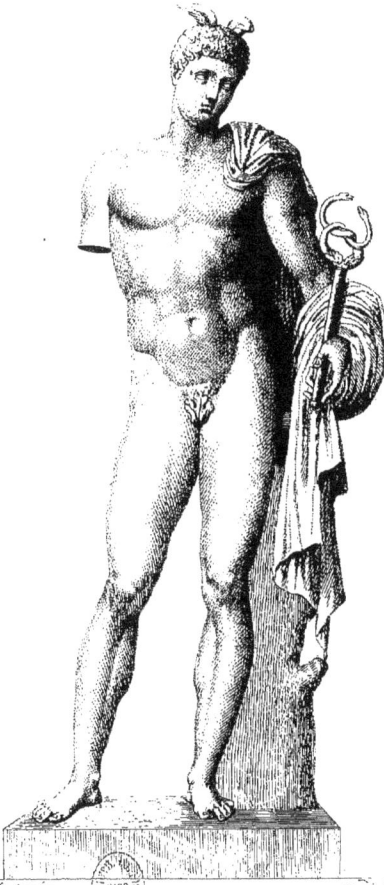

Dessiné par C. Normand.   Gravé par Richomme.

MERCURE.

LA CÉNE.

EXAMEN
DES PLANCHES.

CINQUANTIÈME LIVRAISON.

PLANCHE PREMIÈRE.

CHAMPAIGNE (PHILIPPE DE).

LA CÈNE ; *peint sur toile ; hauteur un mètre soixante-six centimètres cinq millimètres ou cinq pieds ; largeur deux mètres trente-trois centimètres ou sept pieds.*

LES collections impériales de France possèdent trois tableaux sur le même sujet, sortis tous les trois du pinceau de ce maître célèbre. Le premier, et c'est celui que nous présentons ici, appartient au Musée Napoléon ; le second se voit au Musée de Versailles ; le troisième, d'une dimension plus petite, est placé dans la galerie du Sénat Conservateur. Le nôtre fut exécuté par Champaigne, pour la maison de Port-Royal. Malgré le silence des contemporains, quelques personnes ont cru reconnaître dans ce tableau les portraits de deux des illustres solitaires que la religion avait appelés dans cette maison fameuse. De-là, l'imagination toujours prompte chez les hommes à prendre des conjectures pour des réalités, et qui dans ses jugemens sait rarement s'arrêter à des limites raisonnables, a transformé en portraits originaux toutes les têtes de ce tableau, et l'on a voulu que ce fussent autant d'effigies de ces célèbres reclus. Le peu de vraisemblance qu'une réunion de portraits aussi intéressans n'eût pas fait quelque sensation dans le public lorsque ce tableau fut exécuté, quelques inconvenances d'ailleurs

dont il faudrait supposer Philippe de Champaigne coupable en admet-
tant cette supposition, m'ont porté à révoquer en doute cette anecdote;
et ne trouvant dans les historiens les plus accrédités aucunes notions
capables de fixer mon incertitude, j'ai consulté les amateurs les plus
éclairés, qui tous m'ont paru douter de l'authenticité de ces portraits.
Je citerai entre autres, le sentiment de M. Morel, conservateur des
dessins du Musée Napoléon, et celui de tous les hommes instruits de
l'histoire des Arts, dont les recherches ont été faites avec le plus de
soin, et à qui les traditions les moins apocryphes sont le mieux connues.
Voici textuellement son sentiment sur cette question :

« Philippe de Champaigne, dit-il, exécuta le tableau de la Cène en
» 1648. On y trouve, ainsi que dans tous ses ouvrages, une imitation
» exacte de la nature ; et c'est peut-être la raison qui a porté quelques
» personnes à croire qu'il y avait introduit les portraits de plusieurs
» solitaires de Port-Royal, avec lesquels il avait des liaisons. Quoique
» le silence de Félibien, de d'Argenville (au moins dans l'édition in-8.º
» de son Abrégé de la Vie des Peintres), de Descamps, etc., ne
» suffise pas pour détruire cette opinion, il permet au moins d'exiger
» de ceux qui la soutiennent et qui sont venus après ces écrivains, des
» preuves irrécusables. Il faut donc avouer que la tête la plus élevée
» et près de la bordure, vue de profil, sur la droite du tableau, a
» quelque ressemblance avec les portraits de Paschal. On veut recon-
» naître, soit M. le Maître, soit M. Le Nain de Tillemont, dans le profil
» voisin de la première ; mais cette incertitude même qui règne sur
» le nom du savant représenté par cette tête, dépose déjà contre une
» tradition aussi mal conservée.

» Quoiqu'il en soit, il importe peu que ces têtes aient été peintes
» d'après le modèle ou les solitaires de Port-Royal, et il est inutile
» au progrès des arts de dissiper l'illusion de ceux qui se plaisent à
» y reconnaître des portraits. Mais prétendre que Champaigne ait saisi
» les traits du célèbre Arnaud pour figurer le traître Judas, c'est ac-
» cuser cet artiste estimable d'une méchanceté dont il était incapable ».
(M. Morel a raison ; voilà ce qu'il importe de repousser ; car ici l'erreur
dégénère en calomnie, et on doit lui savoir gré de venger la mémoire
d'un artiste aussi recommandable par ses vertus que par ses grands
talens, d'une imputation tout-à-la-fois odieuse et absurde.) « Comment
» Champaigne aurait-il pu se résoudre à faire jouer un personnage

» aussi méprisable à un homme qu'il estimait? ou par quel vertige
» inconcevable ce célèbre docteur aurait-il voulu passer sous cette
» enveloppe aux siècles à venir?

» Quelques personnes, après s'être assurées qu'il n'existait réelle-
» ment aucune ressemblance entre les traits d'Arnaud et ceux de Judas
» peint par Champaigne, se sont avisés d'en trouver avec ceux de
» Lamothe le Vayer; mais c'est bien mal connaître et le peintre hon-
» nête homme qui aurait éprouvé toutes les terreurs d'une mauvaise
» action avant de goûter le triste plaisir de la commettre, et le sceptique
» fameux qui, bien vu à la cour, ne pouvait être insulté impunément.
» N'eût-il pas regardé comme une injure personnelle que l'on eût pris
» ses traits pour en former ceux de Judas?

» Il est donc difficile d'ajouter foi à ces traditions controuvées.
» Celle - ci ne serait - elle pas une ridicule imitation de l'anecdote
» aussi fausse peut - être, ou tout au moins très - dénaturée, sur une
» prétendue vengeance attribuée à Léonard de Vinci, et que ce
» peintre tira d'un moine, dont la fatiguante importunité le harcelait
» pour lui faire terminer la fameuse Cène du réfectoire des dominicains
» de Milan, et qu'il peignit, dit-on, sous le costume de Judas ».

Nous n'ajouterons qu'un seul mot à ces réflexions judicieuses. C'est
qu'il est encore possible que les ennemis des hommes de Port-Royal,
et ceux plus particuliers au peintre, aient contribué à propager cette
erreur. Les premiers auront éprouvé une maline satisfaction à assimiler
Arnaud à Judas. Les seconds qui prétendaient que Champaigne ne
pouvait s'élever au-dessus du portrait, n'auront pas été fâchés, pour
rabaisser le mérite de ce tableau, de le faire passer pour une simple
composition de ce genre.

Philippe de Champaigne dessinait avec correction. Il était coloriste;
il avait peu d'enthousiasme, mais il en était dédommagé par la sagesse.
Toutes ces compositions sont dignes d'estime, et celle-ci fut toujours
citée comme un très-bel ouvrage.

4

PLANCHE II.

DOMINIQUIN.

DAVID PINÇANT DE LA HARPE ; *peint sur toile ; hauteur deux mètres quatre-vingt-deux centimètres quatre millimètres ou huit pieds six pouces ; largeur un mètre soixante-douze centimètres ou cinq pieds deux pouces.*

Le prophète roi , assis , revêtu des ornemens royaux , célèbre la magnificence , la gloire et la miséricorde du Seigneur , et mêle aux accents de sa voix les accords harmonieux de sa harpe. Devant lui un ange tient un livre ouvert , dans lequel sont tracés sans doute ses cantiques divins. Derrière lui un autre ange appuyé sur le glaive de Goliath , trophée de la victoire de David , écrit les vers que l'enthousiasme poétique inspire au génie de ce monarque. Cette scène religieuse se passe dans une galerie ouverte du palais de David , d'où l'on aperçoit un paysage brillant de végétation , et riche de fabriques élégantes.

L'Epicié fait un grand éloge de cet ouvrage. Il semble , dit-il , que le Dominiquin ne peut avoir fait ce tableau sans être pénétré de la sublimité des idées du prophète. Il a toujours frappé les connaisseurs ; on y trouve , par la pureté du dessin , la noblesse des attitudes et la justesse de l'expression , le fruit des études et des méditations du Dominiquin.

Nous rendons justice au mérite de cet ouvrage, mais ces éloges de l'Epicié nous paraissent un peu exagérés. La tête de David est bien inspirée sans doute , les anges sont charmans ; mais les draperies , quoique bien peintes , sont mal ajustées ; leur ampleur écrase la figure principale et la fait paraître courte. La harpe est d'une proportion trop forte , et sa forme est trop moderne. Le jugement et l'érudition eussent dû garantir le peintre de cette faute. Il eut été physiquement impossible à David de marcher et de danser devant l'arche avec un semblable instrument. Cette figure sculptée qui la décore et la couronne , est une inconvenance dans un sujet semblable. Cet in-folio relié et orné de fermoirs , cette plume dont l'ange se sert pour écrire , sont des anachronismes.

Peint par J. Le Roy. Gravé par Villerey.

DAVID JOUANT DE LA HARPE.

N.º 29.

Esc.ᵉ Flam.ᵈᵉ

Dis.ᵗ par Closter.

Grav.ᵉ a l'Eau forte par Chataigner.

Ter.ᵉ par Bovinet.

TABAGIE.

5

Ce tableau appartenait au cardinal Mazarin ; on le lui avait envoyé
d'Italie. Après la mort de ce ministre, on en fit l'acquisition pour la
collection de Louis XIV.

Il a été gravé par Gilles Rousselet.

PLANCHE III.

OSTADE (ADRIEN VAN).

UN INTÉRIEUR HOLLANDAIS ; *peint sur bois ; hauteur quarante-
sept centimètres ou un pied cinq pouces ; largeur trente-huit centimètres
sept millimètres ou un pied deux pouces.*

Dans une maison d'un village hollandais, et sur la fin d'une journée
qui a été consacrée au travail, une famille s'est réunie ; deux hommes
sont assis, l'un sur un escabeau, l'autre sur un fauteuil de bois, devant une table rustique. Le premier allume sa pipe, le second se
dispose à boire un verre de bière. Un troisième debout auprès d'eux,
accorde un violon, tandis que derrière lui une jeune femme, appuyée
sur le dos d'une chaise qu'elle semble vouloir changer de place, prête
l'oreille aux premiers sons de l'instrument. Plus loin et sur la gauche,
un enfant, sur une petite chaise, a l'air de causer avec un chien,
qui paraît l'écouter attentivement. Épisode charmant par sa naïveté.
Dans le fond, et près de la cheminée, trois autres hommes sont debout;
l'un d'eux, plein de cette hilarité qui présage une ivresse prochaine,
va boire un verre de bière qu'un autre vient de lui verser, tandis
que le troisième est occupé à regarder ce qu'un personnage, que l'on
n'aperçoit pas, cherche apparemment par terre.

Cette double scène est éclairée par une grande arcade cintrée, assez
large pour que les voitures puissent sans doute pénétrer dans cette
habitation rurale, et par une fenêtre gothique à quatre panneaux vitrés
en losanges que l'on voit près de la cheminée, et au travers de laquelle
on découvre la campagne.

Dire que ce tableau est d'une couleur admirable, que chaque personnage a le caractère qui lui est propre et est rendu d'après nature,
que les costumes, les meubles, la construction intérieure, tous les

accessoires enfin sont d'une vérité parfaite, ce ne serait que répéter ce que nous avons déjà eu occasion de dire en parlant ailleurs de ce peintre extraordinaire, l'un des plus justement estimés de l'Ecole Hollandaise.

PLANCHE IV.

VERNET (JOSEPH),

LE PONT PALATIN dit PONTE ROTTO, à Rome ; *peint sur toile ; hauteur quarante-un centimètres trois millimètres ou un pied trois pouces ; largeur soixante-dix-sept centimètres six millimètres ou deux pieds quatre pouces.*

Ce tableau est le pendant de celui du même maître, que nous avons publié dans notre dix-septième livraison, représentant le pont Saint-Ange, et fut exécuté à la même époque.

Ce monument est remarquable, en ce que ce fut le premier pont de pierre que les Romains jettèrent sur le Tibre. Il fut commencé par M. Fulvius, censeur, et ne fut achevé que par Scipion l'Africain et Lucius Mummius, lorsqu'ils exercèrent la même magistrature. Il tire son nom du voisinage du Mont Palatin. Il fut également appelé le pont Sénatorial, parce que les sénateurs étaient obligés de le traverser quand il leur fallait consulter les livres des Sybilles, long-tems conservés sur le mont Janicule.

A mesure que la puissance romaine s'étendait sur le globe, Rome prenait également de l'accroissement sur les deux rives du Tibre. Non-seulement le besoin des communications entre les citoyens se faisait sentir davantage, mais encore les solennités religieuses qui se répétaient à certaines époques, imposaient des devoirs aux habitans de Rome, et il fallait faciliter à tous les moyens de les remplir. Cette considération entra pour beaucoup dans la résolution prise par M. Fulvius de construire ce pont. Numa avait fondé sur le mont Palatin un collége de prêtres. Ils étaient consacrés à Mars, et chargés de son culte. Chez un peuple guerrier, les sacrifices à faire à ce Dieu devaient se renouveller souvent, et il était nécessaire que tout le peuple eût des débouchés faciles pour pouvoir y prendre part.

Auguste institua des jeux en l'honneur de Jules César son père, qui se célébraient sur ce même mont Palatin, dans les environs du temple

J. VERNET.

VUE DU PONTE ROTTO.

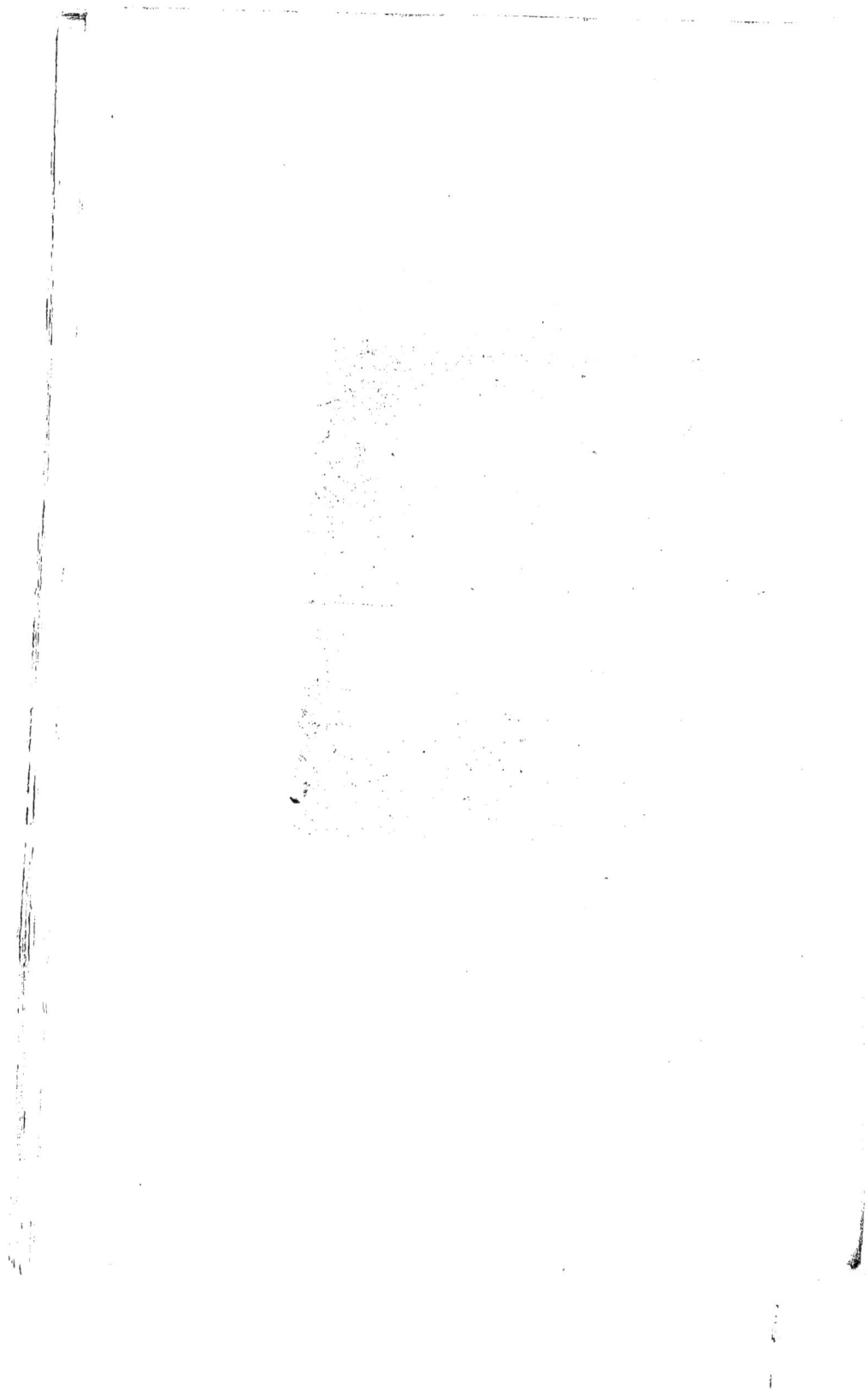

de Mars, et la foule que ces fêtes attiraient fut cause que les édiles veillèrent attentivement à la conservation de ce pont par où le peuple s'écoulait, et dont la solidité intéressait si fort une grande portion de la population romaine.

Sa nécessité se fit également sentir aux savans que Rome renfermait dans ses murs. Auguste, dans le cours de son règne, acheta le mont Palatin dans l'intention d'y faire construire un palais. Avant qu'il y fît travailler, le hasard voulut que la foudre tombât sur une portion de ce terrain. Les oracles consultés sur cet évènement, déclarèrent qu'un Dieu revendiquait cette place. Auguste alors changea de projet. Il y fit bâtir un temple superbe à Apollon, entouré de portiques de marbre, y rassembla une bibliothèque nombreuse qu'il rendit publique, et y fonda une académie, où l'on jugeait des ouvrages de poésie, et où l'on décernait des prix aux auteurs. On conçoit, d'après ce peu de mots, de quelle importance le pont Palatin devait être pour toutes les classes de la société. On ne doit donc pas s'étonner de sa longue durée.

Ce pont s'écroula pour la première fois en 1364. On le réédifia. Il fut rompu de nouveau plus de deux cents ans après. Jules III le fit reconstruire. Grégoire XIII le fit également réparer ; mais une inondation du Tibre, en 1598, en ayant emporté la moitié, il est resté dans l'état où on le voit dans ce tableau, et c'est delà qu'on le connaît à Rome et parmi les voyageurs, sous le nom de *Ponte Rotto*.

Ce tableau réunit les mêmes qualités, et provient de la même collection que son pendant, que nous avons décrit comme nous venons de le dire dans la dix-septième livraison, et que nos lecteurs peuvent consulter.

PLANCHE V.

TINTORET (Jacob Robusti, dit le), né à Venise en 1512, mort en 1594.

LE PORTRAIT DE L'AUTEUR, par lui-même ; *peint sur toile ; hauteur soixante-deux centimètres deux millimètres ou vingt-deux pouces quatre lignes ; largeur quarante-neuf centimètres trois millimètres ou dix-huit pouces.*

L'un des plus grands peintres de l'Ecole Vénitienne, le Tintoret, s'est représenté ici dans un âge fort avancé, il est vu de face, et la

tête découverte. A la touche pesante qu'on remarque dans cet ouvrage,
on peut juger que c'est un des derniers travaux de cet homme célèbre,
dont les immenses compositions décorent les palais et les églises de
la ville de Venise.

Ce tableau porte cette inscription : *Jacobus Tintorettus Pictor Vene-
tius ipsius.*

PLANCHE VI.

SEXTUS DE CHERONÉE. STATUE ; *hauteur deux mètres ou six pieds.*

Cette statue est de marbre grec, et sort du Musée du Vatican. La
tête est rapportée ; elle est antique.

Cette statue portait en Italie le nom de Sextus Empyricus , philosophe
Pyrrhonnien, qui vivait sous le règne d'Antonin le Pieux. On veut qu'il
ait été le précepteur d'Antonin le Philosophe. Il était médecin et de
la secte des empyriques , expression à laquelle on ne donnait pas alors
le même sens que celui que nous y attachons. Cette secte de médecins
suivait la doctrine de Pyrrhon , parce qu'elle rejetait de la science tout
ce qui ne repose que sur des conjectures ; qu'elle n'admettait que ce
qui était confirmé par l'expérience , et ne reconnaissait pour faits vrais
que ceux reconnus par l'observation. Sextus Empyricus est de tous les
écrivains , celui qui a fait valoir avec le plus d'avantage les principes
du pyrrhonisme.

Il paraît aujourd'hui démontré aux yeux des antiquaires , que cette
indication est fausse, et que c'est ici le portrait de Sextus de *Chéronée*,
et non de Sextus Empyricus ; ils s'appuient avec raison sur le témoignage
des médailles grecques frappées en l'honneur de Sextus de Chéronée.
D'ailleurs , la barbe, les cheveux , la tunique, le manteau , tout enfin
dans cette statue est dans le costume grec en usage à l'époque où vivait
ce philosophe , et s'accorde avec l'opinion adoptée par les savans. Sextus
de *Chéronée* fut oncle du célèbre Plutarque , et précepteur de Marc-
Aurèle. L'éducation d'un prince comme Marc-Aurèle est un titre à la
reconnaissance des hommes. Celui qui forma son cœur et son esprit,
fut le bienfaiteur de la terre. Il n'est donc pas étonnant qu'on lui ait
élevé des statues.

Dessiné par Pauthier.   Gravé par P.lle C. Hassard.

SEXTUS.

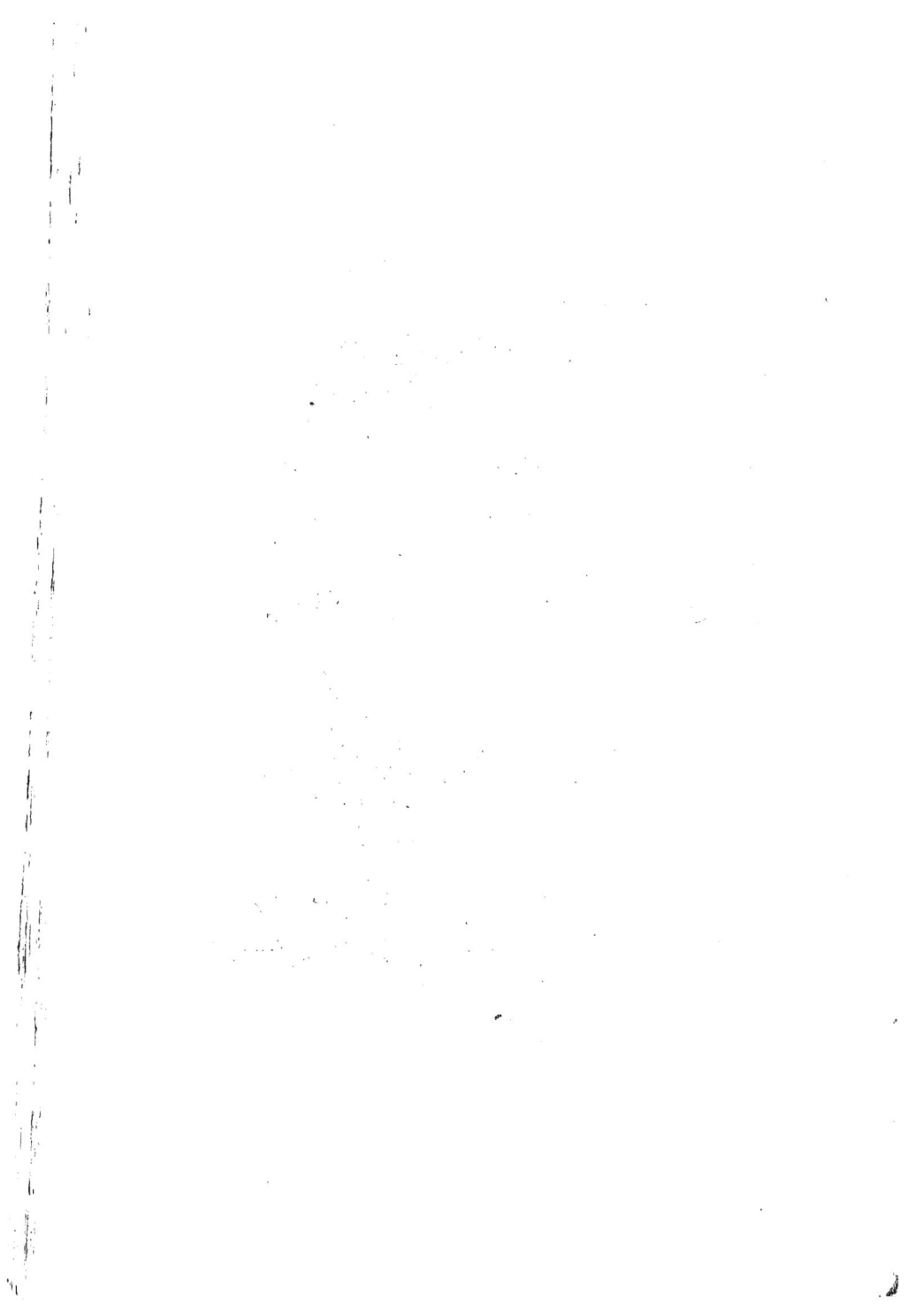

Pl. 30.   LE SUEUR.   Liv. Vme.

Def. par Bourdon.   Grav. à l'eau forte par Dup. Bertaux.   Ter. par C.L. Lingée.

LE COMTE ROGER.

EXAMEN
DES PLANCHES.

PLANCHE PREMIÈRE.

LE SUEUR (EUSTACHE).

LE COMTE ROGER TROUVE SAINT-BRUNO EN PRIERE ;
peint sur toile ; hauteur deux mètres ou six pieds ; largeur un mètre trente-trois centimètres ou quatre pieds.

CE tableau fait partie de la précieuse collection de l'histoire de Saint-Bruno, connue sous le nom de cloître des Chartreux. Nous ne répéterons point ici les justes éloges que nous avons donnés ailleurs à cette belle suite. Dans le tableau que nous présentons aujourd'hui, on retrouve les mêmes qualités que nous avons déjà remarquées dans les autres, et que nos lecteurs admireront de même dans ceux qui nous restent encore à publier ; c'est-à-dire, sagesse et naïveté dans la composition, justesse et vérité dans l'expression.

Le peintre a représenté dans celui-ci le moment où Roger, comte de Sicile et de Calabre, s'étant écarté de sa suite que l'on aperçoit dans le lointain, et conduit par le hazard dans la solitude qui dérobe Saint-Bruno aux yeux du monde, surprend ce pieux fondateur absorbé dans la méditation et la prière. Saisi de respect à cette vue, il a mis pied à terre et s'agenouille devant ce saint personnage ; toute son attitude exprime l'étonnement et l'admiration.

Comme dans la composition de ce beau poëme, il est naturel de penser que toutes les idées d'un homme supérieur comme Le Sueur sont enchaînées, on conçoit que ce tableau, dans l'ordre de la collection, précède celui que nous avons déjà publié, où Saint-Bruno vient avertir ce même Comte d'une conspiration qui se trame contre lui. Cette démarche est motivée par la reconnaissance que le Saint conserve du don qu'il lui fait ici de quelques terres.

PLANCHE II.

MIÉRIS (FRANÇOIS).

UNE SCÈNE MATERNELLE; *peint sur bois; hauteur seize centimètres ou cinq pouces dix lignes; largeur douze centimètres ou quatre pouces six lignes.*

Une jeune femme vient d'alaiter son enfant encore au berceau; son fils aîné s'est approché et embrasse avec tendresse cet enfant. Cette mère regarde avec complaisance cette touchante caresse, présage heureux pour elle de l'union si rare dans les familles, et qui régnera entre ces deux frères.

Le titre donné à ce tableau est trop vague; l'action représentée n'est qu'un épisode dans le sujet annoncé par le titre. En lisant ces mots : *une Scène maternelle*, l'imagination embrasse un ensemble plus compliqué d'occupations, de devoirs et de personnages.

Au fini précieux de ce tableau, on reconnaît ce peintre célèbre; il en résulte peut-être un peu de froideur; mais il attache le spectateur par le sentiment doux qu'il inspire. Il sort de la Galerie de Turin.

PLANCHE III.

FÉTI (DOMINIQUE).

LA VIE CHAMPÊTRE ou L'HOMME CONDAMNÉ AU TRAVAIL; *peint sur bois; hauteur quatre-vingt-cinq centimètres ou deux pieds sept pouces; largeur soixante-neuf centimètres ou deux pieds un pouce.*

Si ce double titre fut donné par l'auteur à son tableau, le sujet explique mal sa pensée. Le mot *condamné* suppose une punition encourue; alors s'il a voulu donner à entendre que le travail dans l'homme était la conséquence d'une grande faute commise, il ne fallait pas choisir l'exemple de ce travail dans l'agriculture. Le plus noble de tous les arts, et celui qui honore le plus l'humanité, semble plutôt la récompense d'une vertu que la punition d'une faute.

Une femme file, assise au pied d'un arbre. Deux enfans jouent près d'elle. Dans le fond, un homme conduit la charrue. Sur le devant, deux lapins broutent l'herbe sans défiance. Dessin incorrect, mais composition sage et couleur admirable, voilà ce que la critique remarque dans ce tableau, et assez en général dans tous ceux de ce peintre, qui malheureusement mourut jeune.

Le Féti a fait deux répétitions de ce tableau, le cabinet d'Orléans

F. MIERIS.

ML 302.   Ecol. Flam.de

Dessiné par Tresel.   Gravé par Lasseigne.

SCÈNE MATERNELLE.

Dessiné par Baudran.   Gravé par Devilliers fils.

LA VIE CHAMPÊTRE.

LE VOYAGEUR CHARITABLE.

FICTOOR.

UNE JEUNE FILLE.

en possédait une sous le titre beaucoup plus convenable de *la Fileuse*, l'autre était chez M. le Duc de Tallard.

Celui que nous décrivons appartenait à la collection des Rois de France ; il a été gravé par Gérard-Jean-Baptiste Scotin, et depuis par Simon Thomassin.

PLANCHE IV.

DU JARDIN (KAREL).

LE VOYAGEUR CHARITABLE; *peint sur toile ; hauteur soixante-six centimètres six millimètres ou deux pieds ; largeur cinquante-sept centimètres trois millimètres ou un pied neuf pouces.*

Un homme à cheval précédé de deux chiens accouplés, laisse tomber quelques pièces de monnoie dans le chapeau d'un jeune mendiant. Sur le même plan, une villageoise assise non loin de sa chaumière, file et regarde avec une sorte de curiosité jalouse, ce que le voyageur donne à ce pauvre. Sur le devant, une vache et deux béliers sont accroupis et ruminent.

Cette composition est charmante par sa simplicité ; elle intéresse encore parce que l'auteur semble y avoir attaché une idée morale. Rien de plus respectable que l'indigence et la charité ; mais ce n'est point ce sentiment que le peintre a voulu inspirer ici. Ce pauvre est dans la fleur de l'âge, le peintre a imprimé à toute l'habitude de son corps l'extrême bassesse du vil métier qu'il exerce. Il est évident qu'il le fait depuis sa plus tendre enfance. Il est jeune ; il mendie, et c'est au milieu des champs dont la fertilité offre tant de ressources au travail. Esclave de la paresse, insensiblement son audace croîtra : comme ses pareils, il finira par voler sur ce même grand chemin, où une charité mal entendue telle que celle de ce voyageur aura encouragé sa funeste oisiveté. Voila la leçon que Karel Du Jardin a voulu donner par la scène qu'il a représenté dans ce joli tableau.

PLANCHE V.

FICTOOR (JEAN), vivait en 1640. Ecole hollandaise.

UNE JEUNE FILLE ; *peint sur toile ; hauteur soixante-sept centimètres huit millimètres ou deux pieds six lignes ; largeur cinquante quatre centimètres huit millimètres ou un pied huit pouces.*

Une jeune fille vient d'ouvrir une fenêtre; elle est richement vêtue; elle regarde attentivement dans la rue. Au gant qu'elle tient on reconnaît qu'elle se dispose à sortir, et qu'elle va refermer le volet de la fenêtre que déjà elle attire à elle par un anneau dans lequel un de ses doigts est passé.

Ce charmant portrait, composé avec grace, d'un effet très-agréable et d'une couleur tout-à-la-fois brillante et harmonieuse, fut apporté il y a six ans, à Paris, par M. Coclers Négociant hollandais. La beauté de l'ouvrage plus encore que le désir de posséder une production d'un peintre peu connu, engagea le Musée à l'acheter. L'on a depuis élevé des doutes sur la signature *Fictoor*, et l'on a prétendu qu'il devait y avoir *Victoor*. Ce tableau a effectivement quelqu'analogie avec ceux de Victoor ; mais si ce portrait est de lui, on doit le regarder comme son plus bel ouvrage et comme son chef-d'œuvre.

PLANCHE VI.

LEUCOTHÉE; STATUE ; *proportion deux mètres ou six pieds.*

Ce groupe se rattache par la beauté des formes et l'exécution précieuse, aux plus beaux tems de l'ancienne sculpture grecque.

Ino fille de Cadmus et d'Harmonie, fut en proie aux persécutions de Junon, pour avoir allaité le petit Bacchus issu des amours de Jupiter et de Semélé. Pour s'y soustraire, elle se précipita dans la mer. Les Dieux pour la dédommager de ses souffrances, la placèrent au rang des divinités marines et lui donnèrent le nom de Leucothée.

Elle est ici représentée tenant entre ses bras Bacchus enfant, que l'instinct de sa nature attire déjà vers un vase dont on se servait pour conserver le vin. L'expression de la tête de Leucothée est pleine de charmes et de douceur ; les draperies sont en général d'une grace admirable. Elle est vêtue d'une tunique sans manches et d'un peplum contenu par des boucles.

Leucothée eut des temples à Corinthe et à Rome. Les dames Romaines l'invoquaient pour la prospérité des enfans de leurs frères et non pour les leurs, parce que cette Déité avait été la plus malheureuse des mères. Noël nous apprend qu'il était défendu aux femmes esclaves de pénétrer dans ce temple ; lorsqu'on les y surprenait, on les faisait expirer sous les coups.

Deßiné par Vaulbier.

Gravé par Pigeot.

LEUCOTHÉE.

MOÏSE FOULANT AUX PIEDS LA COURONNE DE PHARAON.

EXAMEN
DES PLANCHES.

CINQUANTE-DEUXIÈME LIVRAISON.

PLANCHE PREMIÈRE.

POUSSIN (NICOLAS).

MOISE ENFANT, FOULANT AUX PIEDS LA COURONNE DE PHARAON ; *peint sur toile ; hauteur quatre-vingt-quinze centimètres six millimètres ou deux pieds onze pouces ; largeur un mètre vingt-cinq centimètres cinq millimètres ou trois pieds neuf pouces six lignes.*

L'HISTORIEN Josephe rapporte que Thermeutis, après avoir sauvé Moïse que l'on avait exposé sur les eaux du Nil, se chargea de son éducation, et, que prenant de jour en jour plus d'attachement pour cette innocente créature qui lui devait la vie, elle ne négligea aucun de ces soins que l'on est d'usage de prendre, lorsqu'il s'agit de former un prince accompli. Thermeutis n'avait point d'enfans, et voyant Moïse croître en graces comme en esprit, elle se résolut à le présenter au Pharaon son père. « Voici Seigneur, lui dit-elle, » un présent que le Nil m'a fait ; je me suis résolue à l'adopter, et » je vous l'offre pour successeur, puisque vous n'avez point de fils ».

Le Pharaon reçut avec joie ce don inattendu, et pour témoigner à Thermeutis qu'il approuvait l'intérêt que cet enfant lui inspirait, et qu'il exauçait les vœux qu'elle formait pour sa fortune, il ôta sa couronne et la mit sur la tête de Moïse ; mais l'enfant, inspiré sans doute par l'esprit du Dieu qui l'appelait à d'autres destinées, arracha aussitôt

cette couronne de dessus sa tête, la jetta par terre et la foula aux
pieds. Un des prêtres ou magiciens du Pharaon, qui avait prédit que
cet enfant serait fatal à l'Egypte, se trouvant présent à cette scène,
s'écria que cette profanation méritait la mort, et qu'il fallait sur le
champ l'immoler ; et déjà, sans attendre l'ordre du monarque,
un officier de sa garde se saisit de Moïse, et, la main armée d'un
poignard, s'apprêta à le lui plonger dans le sein, lorsqu'une femme
de Thermeutis lui arrêta le bras, tandis qu'une autre s'empara de
l'enfant, le remit à la princesse, qui l'enleva et se sauva avec lui.
Le roi ne s'opposa point à sa retraite, et ne chercha point même à
punir dans Moïse une action qu'il pardonnait à l'ignorance de l'enfance, malgré les remontrances et les alarmes du magicien, qui
s'obstinait à y reconnaître un funeste présage de l'accomplissement
de ses oracles.

Telle est la scène tout-à-la-fois historique, imposante et terrible,
dont le génie du Poussin s'est emparé, et qu'il a représentée dans
cet admirable tableau. Nous avons souvent accordé de justes éloges
aux productions de ce grand peintre ; mais il faut avouer que son
rare talent est ici dans toute la plénitude de sa force et de sa gloire.
Ce tableau, comme composition, est le chef-d'œuvre de la peinture.
L'artiste eût été témoin de cette scène, il l'eût peinte d'après nature, que la vérité n'en serait pas plus parfaite ; tout y rappelle les
mœurs, les opinions religieuses, les usages des anciens Egyptiens ;
l'étonnement superstitieux des Prêtres ; l'aveugle et féroce furie de
ce garde qui va poignarder Moïse ; la surprise du Pharaon ; son
involontaire ressentiment de l'outrage fait à la Majesté Royale ; son
indécision entre son orgueil qui lui commande la vengeance, et son
humanité qui le pousse à la clémence ; le mouvement subit et plein
d'effroi de la femme qui arrête le bras de l'assassin ; l'empressement
mêlé de crainte de celle qui sauve Moïse : la stupeur même de
Thermeutis ; tout enfin, dans cette sublime composition, est exprimé
avec une justesse et un art inconcevable, et dont le secret semble
n'avoir été connu que du Poussin. Plusieurs critiques ont paru désirer
dans ce tableau, sur lequel l'attention des connaisseurs s'est toujours
arrêtée avec tant d'intérêt, que la femme appuyée sur le dossier du
siège de Thermeutis eût plus de mouvement ; ils blament la froideur
avec laquelle elle contemple une scène qui jette tant de trouble parmi

tous les acteurs ; et j'avoue qu'il est difficile de ne pas partager leur sentiment. Mais quand il s'agit du Poussin , il est également difficile de croire que ce grand observateur eût donné à l'un de ses personnages une expression dont il n'eut pas puisé le motif dans les passions , les faiblesses ou les vices du cœur humain. Cette femme ne serait-elle pas un de ces personnages de Cour , que Racine a si bien peint dans son *Britannicus* par ces deux vers ;

Mais ceux , qui de la Cour ont un plus long usage ,
Sur les yeux de César modèlent leur visage.

Cette femme , en courtisan habile , n'attendrait-elle pas l'issue de l'évènement , pour connaître de quel genre est le sentiment qu'elle doit exprimer ou feindre ? Ne serait-ce pas là peut-être ce que le Poussin a voulu rendre ? Ce peintre philosophe ne l'a-t-il pas placée exprès à côté de cette femme , dont les bras ouverts et la figure effrayée indiquent assez Joccabed , nourrice de Moïse , et par conséquent sa mère inconnue ? et ne serait-il pas possible qu'il eût voulu donner une forte leçon morale , en opposant ainsi les généreux mouvemens de la nature à cette révoltante insensibilité qu'impriment aux ames viles l'esclavage et la flatterie.

Ce beau tableau faisait partie de l'ancienne Collection des rois de France. Il est douloureux pour les Arts que le Poussin l'ait peint sur une toile imprimée en rouge ; cette impression a poussé au travers de la peinture , et a dévoré les demi-teintes. L'effet général en a souffert tellement , qu'il faut être artiste ou connaisseur exercé , pour en sentir maintenant toutes les beautés ; sans cet irréparable inconvénient , la conservation en serait parfaite.

Le respectable M. Pajou père , qui s'est acquis une réputation si distinguée et si justement méritée dans l'art statuaire , m'a souvent répété qu'aucun ouvrage de peinture ne l'avait plus vivement frappé que cette belle composition. Cet éloge est une autorité quand il part d'un aussi bon juge , et quand il est donné par un homme que sa longue résidence en Italie a mis dans le cas de voir et de comparer tant de chefs-d'œuvres. Il faut dire aussi que ce tableau et son pendant , qui représente Moïse et Aaron faisant des prodiges devant le Pharaon , rappellent tellement la belle antiquité , qu'on éprouve involontairement à leur aspect une sorte de vénération religieuse.

La Galerie du Palais Royal possédait un tableau où le Poussin avait traité le même sujet, mais avec des différences notables. L'un et l'autre ont été gravés par feu Bouillard.

PLANCHE II.

HOOGE (PIERRE DE), élève de NICOLAS BERCKEM, florissait vers 1660.

UN INTÉRIEUR HOLLANDAIS; *peint sur bois ; hauteur soixante centimètres ou un pied dix pouces ; largeur quarante-neuf centimètres trois millimètres ou un pied six pouces.*

Il semble que la fortune se plaise quelquefois à élever ou à étouffer les réputations au gré de son caprice ; tandis qu'elle accorde souvent à la médiocrité même une célébrité durable, elle condamne le mérite à un profond oubli avec la même indifférence. On pourrait dire qu'elle est à cet égard aussi aveugle qu'elle paraît l'être dans la distribution des richesses. Le peintre dont il est question dans cet article est une preuve de ce que nous avançons ; il eut mérité par ses talens de tenir dans le souvenir de la postérité un rang non moins distingué que plusieurs artistes de la même école, et cependant on ignore jusqu'au pays qui lui donna le jour. On ne connaît ni sa ville natale, ni ses parens, ni sa condition, ni le genre d'éducation qu'il reçut, ni quelle école il fréquenta certainement, ni enfin aucunes circonstances de sa vie. Tous les écrivains ont gardé le silence sur lui, et il n'y a guères que Descamps qui en fasse mention, qui conjecture que la Hollande fut sa patrie, parce qu'il y passa une grande partie de sa vie, et qui suppose que Berckem fut son maître. Si cette dernière assertion est fondée, s'il reçut en effet de cet habile homme les premiers élémens de son art, il faut convenir qu'il s'écarta bien de son genre, puisqu'il consacra presque toujours son pinceau aux scènes intérieures et familières.

Quoiqu'il en soit, peu de peintres flamands et hollandais ont traité avec plus de vérité les effets de la lumière ; et cet art particulier est un des caractères le plus distinctif de ses productions. Celui de ses ouvrages que nous mettons ici sous les yeux de nos lecteurs, est

Dessiné et Gravé par Oortmans.

UN INTÉRIEUR HOLLANDAIS.

Des.e par Seb. le e Roy.   Grav.te à l'eau forte par Chataigner.   Ter.e par Dambrun.

UN CHASSEUR.

une preuve de ce que nous avançons. Il a représenté dans une chambre
ouverte et éclairée par plusieurs fenêtres, une femme assise auprès
d'un baquet, dans lequel elle hache des légumes; à ses côtés est un
jeune enfant à qui elle adresse la parole. Dans le fond est une porte
ouverte, et plus loin une autre femme vue par derrière qui traverse
une seconde pièce pour sortir de la maison, ou se rendre dans une
autre partie du bâtiment. Cette seconde pièce est entièrement éclairée
par le soleil, et l'effet en est d'une si étonnante magie, que ce tableau, dont la composition est en elle-même peu de chose, arrête involontairement le spectateur, et force l'artiste ou l'amateur à méditer
sur les moyens que de Hooge a employés pour la produire.

Ce peintre mérite donc d'être considéré comme un coloriste très-
ingénieux. Sans doute, il est d'un rang inférieur à celui de Metzu,
de Terburg, de F. Miéris, et c'est aussi l'avis de Descamps; mais
au moins il méritait une place dans la nombreuse série de peintres
flamands, dont les productions ornent le Musée Napoléon. Ainsi en
a jugé M. Denon, directeur des Musées, en faisant l'acquisition de
ce tableau. Il a été vendu par M. La Fontaine, négociant, qui depuis
peu l'avait apporté de Hollande.

PLANCHE III.

METZU (GABRIEL).

UN CHASSEUR; *peint sur bois; hauteur vingt-six centimètres
sept millimètres ou dix pouces; largeur vingt-deux centimètres ou huit
pouces trois lignes.*

Un Seigneur Hollandais, richement vêtu, au retour de la chasse,
se repose assis près d'une croisée ouverte de son cabinet; il tient
un verre de vin qu'il se dispose à boire. Derrière lui sont ses armes,
et sur l'appui de la fenêtre sa carnassière, le produit de sa chasse
et un pot à l'eau. Un pampre de vigne tapisse la muraille extérieure.
Au travers d'une autre fenêtre, dont les vitraux sont gothiques et
colorés, et dont un des panneaux est ouvert, on découvre la campagne.

On ne peut douter, à l'excessive vérité de la tête de ce chasseur, que ce ne soit ici un portrait, et la pose même l'indique. Mais quel est le personnage représenté? on l'ignore; son ajustement seul fait juger que c'est le portrait d'un homme opulent.

Toutes les parties de ce charmant tableau sont traitées par un pinceau suave et brillant, tout y est d'une touche large, précieuse et étrangère à la fatigue. Comme coloriste, Metzu est incontestablement l'un des plus grands peintres hollandais, et comme peintre expressif, il est le premier après Rembrandt.

Nous aurons bientôt occasion de parler d'ouvrages plus importans encore de cet habile homme, que le Musée possède. Celui-ci sort de la Galerie du Stathouder, à la Haye.

PLANCHE IV.

WINANTS (JEAN), né à Haarlem vers 1600, mort en 1670.

UN PAYSAGE; *peint sur bois; hauteur vingt-huit centimètres sept millimètres ou dix pouces neuf lignes; largeur vingt-quatre centim. ou neuf pouces.*

Dans une campagne que traverse un chemin, on aperçoit un cavalier allant à la chasse au vol. Un valet à pied marche devant lui, et porte sur un bâton les gerfauts ou les faucons. Le Chasseur est également accompagné de quelques chiens, dont les uns le suivent, et dont quelques autres le précèdent. Sur la droite et dans un plan plus reculé, l'on aperçoit deux vaches, dont l'une est couchée et dont l'autre erre dans la prairie, et dans le fond on distingue un village, dont les maisons éparses et ombragées d'arbres, enrichissent l'horison.

Ce petit tableau est extrêmement joli, le paysage qu'il représente est choisi dans un site agréable et riant. L'effet en est piquant et l'exécution en est charmante : c'est le propre de toutes les productions de Winants. Il nous semble toutefois qu'il y a un peu de maigreur dans le feuillé des arbres, et celui qui s'élève sur le tertre que le peintre a placé sur le devant, pourrait être, à notre avis, d'une plus belle nature. Quoiqu'il en soit, c'est un charmant tableau de chevalet, et il n'est point de cabinet où il ne figurât avec avantage.

Il appartenait à la collection de M. Boutin, les héritiers de ce riche particulier le cédèrent au Musée. Il porte la signature de l'habile maître

PAYSAGE.

REMBRANT.

N.º 311.   Eco.ᵉ Flam.ᵈᵉ

Dessiné par L'iansker.   *Gravé par Boulrois.*

PORTRAIT DE FEMME.

Dessiné par Vaillvé.　　　　　　　　　　　　　　　　Gravé par « Massage.

TÊTE INCONUE.　　　　　　　　　　　　ALEXANDRE.

à qui les arts le doivent. Il paraît que Descamps ne l'a pas connu ; il n'en parle pas, ou du moins, il ne le cite que d'une manière fort indirecte.

PLANCHE V.

REMBRANDT (VAN RIN).

PORTRAIT DE FEMME; *peint sur bois ; hauteur soixante centimètres ou un pied dix pouces ; largeur cinquante centimètres six millimètres ou un pied six pouces six lignes.*

Ce portrait est d'une exécution assez précieuse, et c'est une qualité que l'on ne rencontre pas ordinairement dans les ouvrages de ce maître, du moins à un semblable degré. Quelques-uns sont d'avis que c'est le portrait d'une jeune juive nouvellement mariée, d'autres pensent que c'est celui de l'épouse du peintre.

Cet ouvrage, que nous ne placerons pas au rang des plus belles productions de Rembrandt, a présenté des doutes aux connaisseurs sur son authenticité et les a laissés dans l'incertitude s'ils devaient le lui attribuer. Quelques-uns le donnent à Gérard-Dow ; mais le faire du manteau semble contredire cette opinion et les a ramenés à l'opinion générale.

PLANCHE VI.

DEUX BUSTES.

TÊTE ANTIQUE d'un Romain. BUSTE OU HERMÈS représentant ALEXANDRE LE GRAND.

Ce buste antique d'un Romain est de proportion colossale. On ignore quel est le personnage que le statuaire a voulu représenter. On ne trouve dans les portraits qui nous restent de l'antiquité aucuns personnages à qui l'on puisse appliquer celui-ci ; il est possible qu'il ne soit que le résultat de l'imagination de l'artiste. Les physionomistes qui se plaisent à chercher des analogies, ont cru remarquer dans les traits de cette belle tête quelque ressemblance avec ceux de l'Empereur et Roi Napoléon ; c'est aux physiologistes à prononcer jusqu'à quel point cette assertion est fondée.

Quoiqu'il en soit, cette tête porte un grand caractère ; elle ne peut être que l'ouvrage d'un habile homme, et sa conservation est parfaite. C'est un beau fragment de l'antiquité, et qui mérite bien la place distinguée qu'il occupe dans le Musée Napoléon.

L'Hermès antique que l'on voit également sur cette planche, est un portrait d'Alexandre. Il est de marbre pentélique.

Il règne beaucoup d'incertitude parmi les savans sur l'authenticité des portraits numismatiques que l'on a prétendu représenter les traits de ce célèbre conquérant. Il faut lire à cet égard tout ce qu'en ont écrit Winckelman et Eckel, dont les opinions à ce sujet sont loin d'être d'accord.

Les caractères de l'inscription qui constate que c'est ici le buste d'Alexandre, et qui est gravée sur la poitrine de l'Hermès, sont encore lisibles quoiqu'ils aient été fortement altérés par le tems. L'intérêt que présentait ce buste a déterminé les savans à descendre à l'examen le plus minutieux, pour constater la vérité de cette inscription, et il leur est démontré que la fraude n'y a pris aucune part.

Ce buste appartenait à M. d'Azara, dont les connaissances dans les arts étaient fort étendues, et qui sans doute l'avait acquis à Rome, où il fit un long séjour comme ambassadeur de S. M. le roi d'Espagne. On lit sur l'un des côtés du monument cette inscription moderne :

SIGNVM. IN. TIBVRTINO
PISONVM. EFFOSSVM
M DCC LXXIX
JOS. N. AZARA, REST. CVR.

On lit également sur l'autre face :

DONNÉ
PAR M. LE CHEVALIER D'AZARA,
AMBASSADEUR DE S. M. C. LE ROI D'ESPAGNE,
AU PREMIER CONSUL.

DONNÉ
LE IV VENDEMIAIRE AN XII,
PAR LE PREMIER CONSUL,
AU MUSÉE NAPOLÉON.

Ce buste a de hauteur six décimètres cinq centimètres, ou deux pieds.

LA CIRCONCISION.

EXAMEN
DES PLANCHES.

PLANCHE PREMIÈRE.

DOSSO DOSSI, né à Dosso près Ferrare, élève de LORENZO COSTA, mort en 1560; florissait vers l'an 1536.

LA CIRCONCISION ; *peint sur bois ; hauteur trente-quatre centimètres six millimètres ou douze pouces six lignes ; largeur quarante-neuf centimètres trois millimètres ou un pied six pouces.*

L'ÉPICIÉ juge ce tableau avec une sévérité, disons mieux, avec une indifférence injuste. Selon lui, tout y est médiocre, composition, dessin, exécution, et il semble ne le citer que parce que faisant partie de la collection du roi, il ne peut se dispenser d'en parler. Ainsi donc, si l'on s'en rapportait à cet écrivain, cet ouvrage serait indigne de figurer dans la Galerie du Musée Napoléon. Nous sommes loin d'adopter ce jugement, et notre opinion est si diamétralement opposée à la sienne, que nous considérons au contraire cette production comme un des plus précieux tableaux de chevalet que possède le Musée.

Le Fils de Dieu, suivant ses propres paroles, est venu pour accomplir la loi et non pour l'enfreindre. L'artiste a représenté ici un des plus grands actes de cette soumission : la Circoncision. On pense que cette cérémonie religieuse eut lieu à Béthléem, et que ce fut alors qu'il reçut le nom de Jésus, qui veut dire Sauveur.

Zacharie et Sainte-Anne le présentent au temple ; celle-ci le tient
sur ses genoux ; le grand prêtre est assis devant elle. Les préparatifs
de ce Baptême de sang effrayent cet enfant ; il se réfugie dans les
bras de ses parens. La Vierge, Saint-Joseph que l'on reconnaît à
l'auréole dont le peintre a ceint leurs têtes ; Sainte-Elisabeth et quelques
autres personnes de la famille sont debout derrière le grand prêtre.
De l'autre côté, on aperçoit des lévites et d'autres spectateurs, parmi
lesquels et sur le devant on remarque un vieillard dont le costume,
le bâton, la tête, l'habitude du corps et la nudité cinique rappellent
Diogène. Ces sortes d'anachronismes ne sont point rares dans les tableaux d'Italie, et l'on pourrait croire que le peintre a prétendu par
cette allégorie, faire entendre que : voilà l'homme que cherchait ce
philosophe. Mais peut-être aussi serait-ce lui prêter une idée plus
ingénieuse que décente dans un sujet aussi grave, et n'a-t-il en effet
voulu représenter qu'un de ces mendians dont les temples sont communément inondés, et qui, de nos jours encore, y promènent leur
indiscrète incommodité, et leur misère plus souvent apparente que
réelle. Dans le fond est le *Saint* où l'on aperçoit l'autel des parfums
et le chandelier à sept branches : au-delà deux prêtres s'entretiennent
ensemble.

D'après cette description, dont le lecteur peut facilement constater
la fidélité, ne peut-on pas demander en quoi pêche cette composition ? Le sujet n'est-il pas rendu avec vérité, avec érudition même ?
S'agit-il du dessin ? si l'on en excepte quelques draperies, n'est-il pas
partout pur et correct ! Toutes les têtes sont de la plus belle exécution et de l'expression la plus juste. Mais la critique sévère trouvât-
elle ici quelques reproches à faire, je doute que le charme de la
couleur ne la réduisît au silence : sous ce rapport, ce tableau est en
effet admirable, et marche de pair avec ceux des plus grands peintres
de l'école Vénitienne.

L'Épicié regarde comme un trait de sentiment, que le peintre
n'ait pas fait tenir l'enfant par sa mère. Il devrait plutôt le louer
d'avoir respecté les convenances, d'avoir étudié les usages judaïques,
et d'avoir rendu hommage à la pureté des mœurs de la Vierge dont
l'enfantement est un mystère.

Quelques amateurs ont attribué ce charmant ouvrage à Benvenuto
Tisi ou Tisio de Ferrare, surnommé le Garofolo. Ils prétendent y recon-

LE BON SAMARITAIN.

noître plusieurs caractères de têtes souvent employés par cet habile artiste ; mais nous les croyons dans l'erreur ; le Garofolo, quoique l'un des chefs de l'école de Ferrare, appartient plus à l'école de Raphaël. Il s'attacha à imiter le dessin, la grace, l'expression et sur-tout le coloris de ce célèbre peintre ; et certes, on ne trouvera rien dans ce tableau de ce que les Italiens nomment *Rafaëlesque*. Il rappelle beaucoup plus l'école de Venise où le Dosso demeura cinq ans, et dont il pratiqua les principes avec un grand succès. Il paraît que l'Épicié dans ses préventions contre le Dosso s'en est un peu trop rapporté au ridicule dénigrement avec lequel Vasari traite ce peintre, et dont les écrivains Ferrarois l'ont si bien vengé ; et telles sont les erreurs communes à ceux qui se mêlent d'écrire l'histoire sans appeler l'érudition à leur secours. Quoiqu'il en soit, Dosso et son frère Gio Batista, furent les fondateurs de l'école de Ferrare fertile en grands peintres, ou pour mieux dire, ils en ouvrent la plus belle époque ; et quand leurs ouvrages ne déposeraient pas encore aujourd'hui en leur faveur, on pourrait s'en rapporter au jugement de l'Arioste, meilleur juge peut-être que Vasari, pour la partie poétique du moins, et qui dans ses vers leur a donné l'immortalité.

Ce tableau faisait partie de la Collection des rois de France.

PLANCHE II.

REMBRANDT.

LE BON SAMARITAIN; *peint sur toile ; hauteur un mètre seize centimètres ou trois pieds six pouces ; largeur un mètre trente-sept centimètres ou quatre pieds deux pouces.*

L'Evangile selon Saint-Luc, rapporte cette parabole dont Jésus se servit pour répondre à un Docteur de la loi. Ce Docteur lui demandait : qui était le prochain? Parabole admirable, touchante allégorie de la charité fraternelle et de la plus douce tolérance, qu'on ne saurait reproduire trop souvent pour l'instruction du monde.

« Un homme, dit Jésus, qui descendait de Jérusalem à Jéricho,
» tomba entre les mains des voleurs qui le dépouillèrent, le couvrirent
» de playes et s'en allèrent, le laissant à demi-mort. Il arriva ensuite
» qu'un prêtre descendit par le même chemin, lequel l'ayant

» aperçu passa outre. Un lévite survint au même lieu; l'ayant con-
» sidéré, il passa outre encore. Mais un samaritain passant où était
» cet homme et l'ayant vu, il en fut touché de compassion; il s'ap-
» procha donc de lui, versa de l'huile et du vin sur ses playes et
» les banda; et l'ayant mis sur son cheval, il l'emmena dans une
» hôtellerie et eut grand soin de lui. Le lendemain en s'en allant,
» il tira deux deniers qu'il donna à l'hôte, et lui dit : ayez soin de
» cet homme et tout ce que vous dépenserez de plus je vous le
» rendrai à mon retour. Lequel de ces trois vous semble avoir été
» le prochain de celui qui tomba entre les mains des voleurs? Le
» Docteur répondit : celui qui a exercé la miséricorde envers lui;
» allez donc lui dit Jésus, et faites de même ».

Rembrandt a traité deux fois ce sujet, et l'un de ces deux tableaux
est connu par la gravure. C'est celui que possédait la Galerie de
Choiseuil.

Dans celui auquel cet article est consacré, le peintre a représenté
l'instant où les gens de l'hôtellerie, après avoir aidé au blessé à descendre de cheval, le transportent dans la maison. Le Samaritain les
a précédés; la bourse à la main et les suivant de l'œil, il semble
recommander déjà cet infortuné aux soins de l'hôtesse que l'on voit
sur sa porte. Un valet d'écurie tient le cheval et regarde si son
secours n'est point nécessaire à ceux qui portent le blessé. Dans le
fond de la cour sont les chevaux de quelques voyageurs que l'on
aperçoit aux fenêtres contempler cette scène.

Ce tableau répond à la haute réputation de Rembrandt. La composition, la couleur, l'expression en sont admirables. M. Denon,
Directeur général des Musées, l'a gravé à l'eau-forte.

PLANCHE III.

TENIERS (DAVID).

LE FUMEUR; *peint sur bois; hauteur trente-sept centimètres ou
un pied deux pouces; largeur vingt-huit centimètres ou dix pouces
six lignes.*

Dans un estaminet, un flamand assis sur un escabeau et le coude
appuyé sur une méchante table, fume tranquillement sa pipe, une

D.el par A. Le Roy.   Grav.e à l'eau forte par des Rouges.   Term.é par Langlois J.

LE FUMEUR.

LA BERGÈRE DES ALPES.

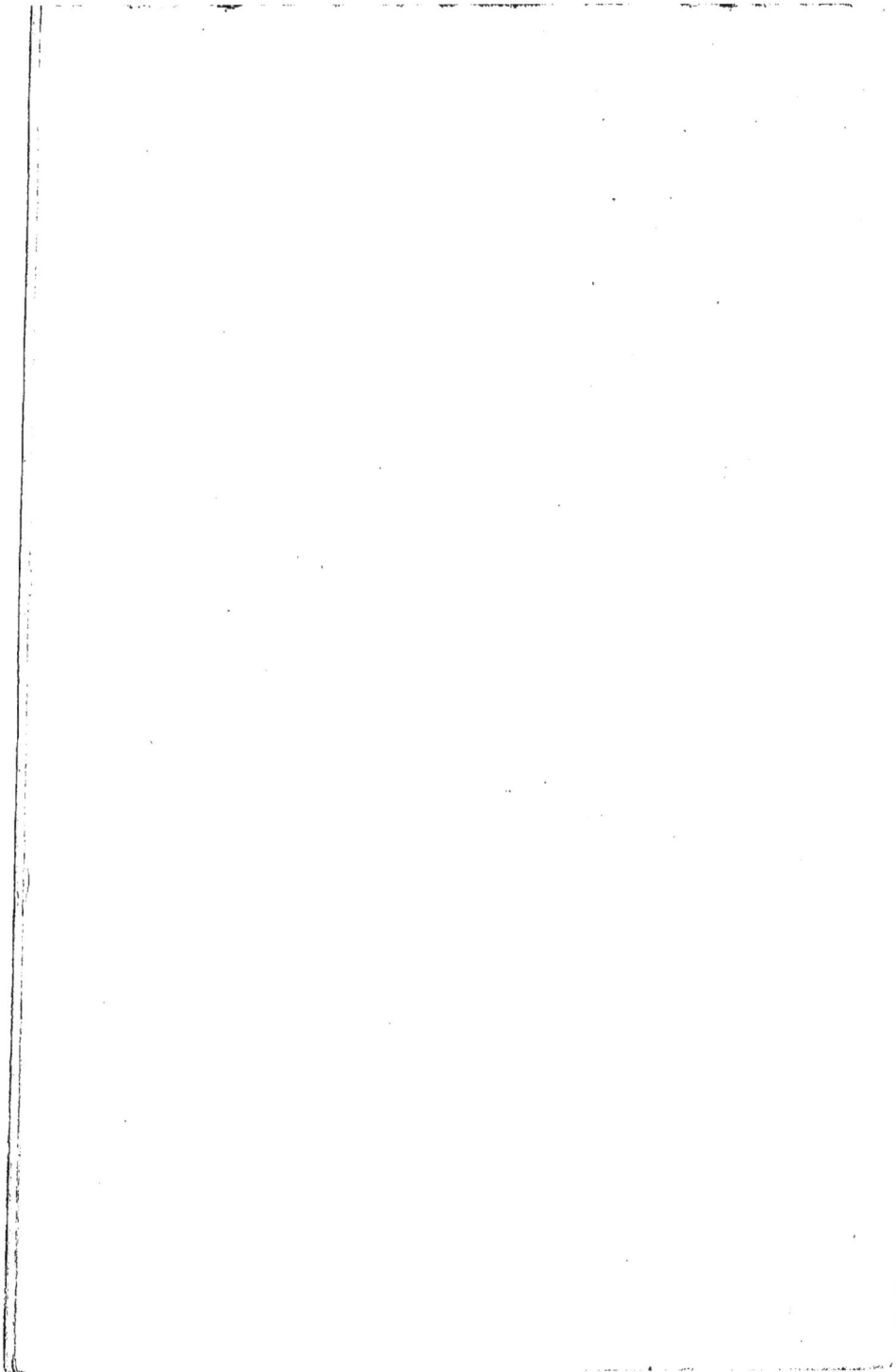

vieille servante vient de lui apporter un pot de bierre, et semble de
la porte qu'elle s'apprête à ouvrir, lui demander s'il a besoin encore
de quelque chose. Ce fumeur distrait, ou par la méditation ou par
quelque objet qu'il fixe attentivement, a l'air de ne pas l'entendre.
Dans le fond, et près de la cheminée, on aperçoit trois hommes dont
deux assis jouent aux cartes, tandis que le troisième debout s'apprête
à boire.

On pourrait croire que la figure principale est un portrait. Teniers
a mis dans la pose de ce fumeur, dans l'air attentif qu'il lui a prêté,
et dans la régularité des traits de la figure, une vérité qui tient de
la nature; on n'y reconnaît point la manière dont il traitait ordinairement les nombreux buveurs qu'il a représenté dans ses tableaux,
dont les personnages sont tous d'une admirable vérité sans doute,
mais toujours un peu chargée.

PLANCHE IV.

VERNET (JOSEPH).

LA BERGÈRE DES ALPES; *peint sur toile; hauteur un mètre
dix-neuf centimètres ou trois pieds sept pouces; largeur quatre-vingts
centimètres ou deux pieds six pouces.*

Le titre de ce tableau rappelle celui de l'un des contes de Marmontel,
que la mode plus que le goût préconisa le plus, et mit, pendant
quelque tems, bien au-dessus de tous ceux que l'on dut à ce profond moraliste, quoiqu'en général ils lui soient bien préférables. Il est
présumable que cet engouement passager aura donné naissance au tableau
que nous décrivons, et que cédant aux instances de quelques personnages du grand monde, pour me servir des expressions dont on usait
alors, Vernet, ce peintre célèbre, aura consenti à traiter un genre
de sujet qui ne lui était point familier, et que sans doute il n'aimait
pas, puisque depuis il ne s'y est point exercé.

Pour donner au lecteur une idée juste de ce tableau, il est nécessaire de rappeler ici, en peu de mots, le sujet du conte de Marmontel.

M. et Madame de Fonrose retournaient de Paris à Turin; leur
voiture se brisa en traversant les montagnes de Savoie, dans une

vallée située entre Briançon et Modane. Forcés de s'arrêter et de chercher un asile pour passer la nuit, la voix enchanteresse d'une bergère et les paroles qu'elle chante, éveillent leur attention. Ils s'approchent d'elle. Les grâces de sa figure, la noblesse de sa taille, la décence de son maintien, l'élégance de son langage, et plus encore peut-être la touchante mélancolie empreinte dans ses yeux, les surprend et les charme. Ils l'interrogent sur son sort ; elle élude leurs questions, et les conduit à la chaumière qu'elle habite. C'est celle de deux vieillards, dont les derniers jours sont embellis par les soins d'Adélaïde. C'est le nom de la bergère. C'est un ange, disent-ils à leurs hôtes ; mais ce n'est point leur fille ; elle ne vit avec eux que depuis quatre ans, elle leur est inconnue. Le lendemain matin, les deux voyageurs proposent à la bergère de l'emmener avec eux à Turin, de la traiter avec les égards qu'elle paraît si bien mériter, et d'avoir soin des deux vieillards. Elle se refuse à toutes leurs instances ; ils partent.

A leur arrivée, ils célèbrent indiscrètement la beauté de cette bergère devant leur fils âgé de dix-huit ans ; l'amour l'enflamme, sa tête s'exalte ; il fuit la maison paternelle. Il arrive dans la vallée, se déguise en berger, et tandis qu'à Turin on pleure sa mort supposée, il obtient par degrés la confiance d'Adélaïde. Elle avait adoré le comte d'Orestan, ce fut son époux. La guerre régnait en Italie ; il allait rejoindre son régiment, elle l'accompagna jusque dans cette vallée, elle abusa de la puissance de son amour pour l'y retenir deux jours. En arrivant à l'armée, il apprend qu'une bataille s'est donnée, il ne s'y est pas trouvé, il est déshonoré. Il revient au même lieu où il s'est séparé d'Adélaïde, elle s'y trouve, il l'embrasse, et se tue.

Telle est la confidence qu'elle fait à Fonrose, sur le tombeau même qu'elle éleva à son époux. Celle de Fonrose est plus tardive ; il se déclare enfin, se nomme. Adélaïde prévoit la douleur où ses parens doivent être plongés ; elle leur députe le vieillard, ils accourent. L'amour du jeune Fonrose l'emporte enfin ; il épouse cette femme adorée.

Le peintre paraît avoir saisi l'instant où la triste Adélaïde raconte ses aventures au jeune Fonrose, et lui montre le tombeau du comte d'Orestan son époux. Elle est assise au pied d'un arbre ; près d'elle est Fonrose debout, et non loin d'eux des moutons épars que surveille le chien de la Bergère. Le paysage représente les Alpes, dont les cimes couronnent et terminent l'horizon.

D'aprés par Vauthier.   Gravé à l'Eau-forte par Godefroy fils.   Term.é par Villerey.

SARCOPHAGE ANTIQUE.

Dessiné par Vauthier.   Gravé à l'eau-forte par Godefroy, fils.   Term.ᵗ par Villeroy.

PARTIES LATERALES DU SARCOPHAGE.

Ce tableau a du mérite sans doute, et sous plusieurs rapports il est recommandable ; mais qu'il est loin du talent admirable, dont la magie rendit avec tant de vérité le formidable courroux des tempêtes ; tantôt applanit le sein des mers, brillanta leur vacillante surface des reflets argentés de l'astre des nuits et la couvrit de vaisseaux majestueux ; tantôt voila le front du matin d'une gaze humide et diaphane, ou dora la barque du pêcheur des derniers feux du jour ; tantôt reproduisit l'activité, l'opulence, le mouvement, la grandeur imposante de ces ports de France, ouvrage national, vraiment inspiré par l'amour de la patrie, vraiment exécuté par le génie, et son titre le plus précieux pour leur auteur, à la gloire et à l'immortalité.

PLANCHES V et VI.

LES NÉRÉIDES.

SARCOPHAGE ANTIQUE.

Ces deux planches représentent, l'une, la face principale d'un sarcophage antique, sur laquelle le sculpteur a représenté les Néréides ou Nymphes de la mer, assises sur des tritons, des hippopotames et des monstres imaginaires, traversant les flots et guidant les ames des morts vers l'Elysée, éternel asile et récompense de la vertu. L'autre, les deux extrémités de ce même sarcophage, sur lesquelles sont également sculptées des Dieux marins, moitié hommes, moitié poissons, avec leurs attributs, l'ancre, la rame, le gouvernail.

Nérée, fils de l'Océan et de Thétis, épousa Doris sa sœur, et donna le jour à cinquante filles, selon la version d'Hésiode, que l'on appela Néréïdes du nom de leur père, et parce que leur puissance s'étendait sur les mers. Ces Divinités étaient honorées dans la Grèce, des bois et des autels leur étaient consacrées. On immolait des chèvres en leur honneur, et on leur offrait en sacrifice du miel, de l'huile et du lait. On les trouve communément représentées, soit sur les médailles, soit sur les monumens, (et celui-ci en est la preuve), avec les charmes de la jeunesse, les cheveux entrelacés de perles ou de coraux, quelquefois nues jusqu'à la moitié du corps, portées par des dauphins ou des chevaux marins , tenant dans leurs mains , ou le trident de Neptune, ou une couronne, ou une figure de la victoire. Quelques auteurs disent que quelquefois elles sont représentées moitié femmes , moitié poisson ; mais je crois que c'est une erreur, et qu'ils ont confondu des figures de Syrènes avec des Néréïdes.

Ce sarcophage est de marbre de Paros ; il a de hauteur soixante centimètres ou un pied dix pouces six lignes, sur deux mètres quarante-trois centimètres ou sept pieds quatre pouces de large ; sa conservation est parfaite ; le bas-relief est l'ouvrage d'un très-habile homme. Il paraît être des meilleurs tems de l'art, et le style en est très-beau. Son couvercle ne s'étant point trouvé, on fut long-tems dans l'intention d'y en substituer un également antique , mais qui appartient à un autre tombeau. Jusqu'à présent, il n'est couvert que d'une simple table sur laquelle est placée une statue d'Hermaphrodite. Ce sarcophage sort du Musée du Capitole à Rome.

ALLORI.

Dessiné par O. Masquelier, fils.   Gravé à l'eau forte par le Rouge.   Terminé par D'ambrun.

LE TRIOMPHE DE JUDITH.

EXAMEN
DES PLANCHES.

PLANCHE PREMIÈRE.

ALLORI (CRISTOFANO), né en 1577, mort en 1621; fut élève
D'ALESSANDRO ALLORI son père, peintre florentin.

JUDITH TENANT LA TÊTE D'HOLOPHERNE; *peint sur toile;*
hauteur un mètre quarante centimètres ou quatre pieds trois pouces;
largeur un mètre quinze centimètres ou quatre pieds.

BALDINUCCI, qui a écrit la vie d'*Alessandro, di Cristofano,*
di Lorenzo Allori, regarde ce tableau de Judith comme une des
plus belles productions de ce peintre florentin. Indépendamment du
mérite particulier de cet ouvrage, une circonstance singulière lui
prête encore un autre intérêt; elle est due au caractère bizarre de
cet artiste, que son goût pour la poésie et ses talens aimables, rendirent non moins célèbre que ses productions pittoresques. Ces dernières
peu nombreuses, parce que la vie dissipée de ce peintre que son
amour pour les plaisirs entraînait loin de son atelier, ne lui permit
pas de les multiplier, sont néanmoins estimées, quoiqu'elles appartiennent à une époque où l'École florentine était extrêmement déchue
de son ancienne gloire. Quoiqu'il en soit, voici l'anecdote qui rend
le tableau dont il est question ici très-curieux.

Cristofano Allori aimait passionnément une femme alors renommée
par sa beauté; cependant la Mazzafirra (c'était son nom), ne le rendait
point heureux. Insensible aux dépenses extravagantes qu'Allori faisait
pour lui plaire, elle le tourmentait par ses infidélités; la jalousie

abreuvait ses jours d'amertume, d'inquiétudes et de chagrins. Pour
faire entendre à sa maîtresse que sa conduite le conduisait au tombeau,
il fit ce tableau de Judith; il représenta cette juive sous les traits de
la Mazzafirra, et donna à sa suivante ceux de la mère de cette femme,
qu'il soupçonnait complice des désordres de sa fille. Quant à la tête
d'Holopherne, ce fut sa propre figure qu'il prit pour modèle; elle
n'était point agréable; sa barbe qu'il laissa croître en accrut encore
la laideur : quand il crut avoir donné à sa tête la forme convenable
à son dessin, il fit d'après elle toutes les études dont il eut besoin,
choisit celle qui lui parut remplir le mieux son objet, termina son
tableau et l'exposa. Il excita la curiosité générale, et le pauvre Allori
n'en fut pas plus heureux, car cette extravagante vengeance ne corrigea
point sa dame.

Allori était extrêmement difficile sur ses propres productions; par
cette raison, ses études sont très-précieuses et très-recherchées. Il
les terminait avec un soin extrême aux crayons rouge, noir et blanc.
Je tiens de M. Morel d'Arleu, Conservateur des dessins du Musée
Napoléon, que Bonaruoti le jeune possédait l'étude qu'avait faite
Allori pour la figure de Judith. Dans un mouvement de colère il
l'avait déchirée, Bonaruoti en réunit habilement tous les morceaux,
et Baldinucci rapporte l'inscription que l'on lisait derrière et qui
relatait ce fait. Baldinucci possédait lui-même l'étude de la figure
de la mère de la Mazzafirra, qui servit au peintre pour ce tableau.

Nous remarquerons ici pour la vérité historique, que c'est sans
doute par erreur que l'estimable rédacteur de la Galerie de Florence,
en décrivant ce tableau gravé par A. Tardieu, dans la dixième livraison de son ouvrage, l'attribue à Alessandro Allori. La manière de
celui-ci qui appartient à une époque plus rapprochée de Michel-Ange
et qui était élève du Bronzin, est entièrement opposée à celle de son
fils. Leur dissentiment d'opinions relativement à la peinture, les brouilla
irrévocablement ; et toutes les fois que l'on cherchait à rapprocher
Cristofano de son père, il répondait constamment que sa conscience
s'y opposait, parce qu'Alessandro était hérétique en peinture.

Alessandro quoique doué d'un véritable mérite, donna dans tous
les excès, que la fureur d'imiter Michel-Ange introduisit dans l'École
florentine. Mauvais coloriste, dessinateur sec et sans grâce, il ne
faisait état que des connaissances anatomiques. Sa réputation fut

N° 320.

Ecole Flam.

Dessiné par Bourdon.

Gravé par de Villain.

LA MÈRE DE DOULEUR.

grande néanmoins ; les Souverains le recherchèrent , et on vante de lui un tableau de la Femme adultère.

Cristofano s'éloigna de son père pour suivre l'école de Cigoli , qui rendit effectivement quelque splendeur à l'École florentine , en la ramenant à un meilleur style. Il eût été à souhaiter pour la gloire de Cristofano et pour l'intérêt de l'art, qu'il eût vécu plus long-tems , et que les plaisirs l'eussent moins détourné du travail. Lanzi en le comparant au Cantarini , le trouve supérieur à celui-ci dans le coloris des chairs , et il lui paraît d'autant plus admirable en cela , qu'il ne connut ni les Caraches , ni le Guide.

PLANCHE II.

CHAMPAIGNE (PHILIPPE DE).

LA MÈRE DE DOULEURS ; *peint sur toile ; hauteur deux mètres deux centimètres ou six pieds ; largeur un mètre quarante-un centimètres deux millimètres ou quatre pieds trois pouces.*

Le célèbre auteur de ce tableau , semble avoir pris ici pour texte , ce verset :

Stabat Mater dolorosa,
Juxta crucem lacrymosa , etc.

En effet, il a placé la Vierge au pied de la Croix ; elle est assise , et déplore la mort de son fils bien-aimé , et du plus juste des hommes. L'expression de cette figure est admirable ; il est impossible de rendre d'une manière plus touchante la douleur maternelle ; quel sentiment profond dans cette tête ; dans ces yeux qui semblent demander justice au ciel ; dans ces joues abattues que les larmes ont sillonnées ; dans l'immobilité de cette bouche , que le murmure , le reproche , la plainte , les gémissemens même , n'ont pas le pouvoir d'entr'ouvrir ; dans l'abandon de ces bras que l'affaissement de la douleur a fait tomber sur ses genoux! Quelle noblesse et quelle religieuse résignation dans toute l'habitude du corps de cette femme ! On ne peut la contempler sans être attendri soi-même jusqu'aux larmes ; et l'on peut assurer que Champaigne a rendu avec tant de vérité le sujet qu'il a prétendu traiter , que la

couronne d'épines, les clous, le bois de la croix; les tours de
Jérusalem sont inutiles ici pour l'expliquer; et que sans cette indication, il n'est personne qui ne reconnût ici la mère du Sauveur du
monde. Quant à l'exécution, on ne dessine pas avec plus de pureté;
les formes sont parfaitement senties sous cette vaste draperie, qui,
malgré son ampleur, n'a rien de lourd, et est ajustée avec autant
d'esprit que de grâce; elle est largement jettée: les mains sont un
miracle de la peinture, et l'on sait que ce peintre excellait dans
cette partie. Ce tableau est harmonieux; il n'est pas brillant de
couleur, mais le ton en est doux, et tel qu'il convient au sujet.

Philippe de Champaigne l'a traité deux fois, et chaque fois avec
un égal succès; la piété était une des vertus de ce grand maître,
son pinceau participait en quelque sorte de cette disposition de son
ame. Il a toujours quelque chose de religieux et de chaste; il le
consacra constamment à la décoration des églises et des couvens.

Le tableau que nous venons de décrire fut peint pour l'église
de Sainte-Oportune; il se voit aujourd'hui dans la Galerie du
Sénat Conservateur.

PLANCHE III.

NETSCHER (GASPARD), né à Heydelberg en 1639;
mort à La Haye en 1684, fut élève de KOSTER.

NETSCHER, SA FEMME ET SA FILLE; *peint sur bois; hauteur
quarante-six centimètres huit millimètres ou un pied cinq pouces;
largeur trente-six centimètres ou un pied un pouce.*

Ce titre indique assez que le peintre a voulu se représenter lui-
même au milieu des deux objets les plus chers à sa tendresse; et
dans un de ces momens où il se livrait à l'un de ces délassemens aimables
qui répandent tant de charmes dans l'intérieur des familles.

Au reste, le titre que nous donnons ici à ce tableau est celui sous
lequel il était connu à La Haye, qui le possédait avant qu'il passât
au Musée Napoléon.

Dans un salon noblement décoré et éclairé par une fenêtre, sur
laquelle on aperçoit un vase de fleurs, une jeune personne, la fille.

de Netscher, debout auprès d'une table couverte d'un riche tapis, chante un air. Elle tient de la main gauche un papier de musique, tandis que de la droite, elle marque la mesure. Netscher, assis en face de sa fille, semble suivre de l'œil le mouvement qu'elle donne à son chant, et l'accompagne sur une sorte de guitarre ou de théorbe; la mère jeune encore, assise et le coude droit appuyé sur la table, fixe et écoute sa fille avec attention, et un léger sourire d'approbation erre sur ses lèvres. Sur un des murs de l'appartement et dans le fond, on aperçoit un tableau représentant l'enlèvement des Sabines. Si l'expression était permise, on pourrait appeler cette décoration la date de son penchant de prédilection, puisqu'il aimait surtout à traiter des sujets de l'histoire romaine.

Il règne de la simplicité et de la vérité dans cette scène; l'expression donnée à chaque personnage est celle de la nature; mais c'est sur-tout par le fini de l'exécution que ce tableau est recommandable. Les étoffes sont peintes avec une perfection étonnante; Netscher excellait dans cette partie, et c'est l'un des caractères distinctifs de son talent.

Trois peintres de ce nom ont été connus dans les Arts; celui dont il est question ici et ses deux fils, Théodore et Constantin: mais le père est celui des trois le plus justement célèbre. Le Musée possède peu de tableaux de lui, et nous aurons rarement l'occasion d'en parler. Il était fils d'un sculpteur allemand, Jean Netscher, que le besoin de vivre et sur-tout les calamités de la guerre forcèrent pendant presque toute sa vie à errer de ville en ville. Gaspard lui-même à l'âge de deux ans pensa devenir victime de ce fléau, et ne dut son salut qu'au courage de sa mère, qui, retirée dans un château devant lequel on mit le siège, et ayant déjà vu deux de ses enfans mourir de faim dans ses bras, trouva le moyen de s'échapper pendant la nuit avec celui-ci, et se sauva au travers de mille dangers à Arnheim, où un homme généreux, médecin de profession, nommé *Tuttekens*, eut compassion de cet enfant, le fit élever et lui prodigua jusqu'à la fin de ses jours les soins du plus tendre père. Il eût désiré l'instruire dans son art, mais le goût pour la peinture l'emporta, et cette contradiction aux vœux qu'il formait, ne refroidit point son amitié.

Koster dont les leçons instruisirent Netscher, ne peignait que les oiseaux; l'élève se fit un autre genre. Il désira voir l'Italie, il partit en conséquence, mais l'amour l'arrêta à Bordeaux : il s'y maria ; et bientôt après, pour échapper aux persécutions que l'on y faisait alors éprouver aux protestans, il se retira à La Haye et s'y fixa.

Le besoin de soutenir sa famille, le détermina à faire des portraits, et dès-lors les plus grands Seigneurs affluèrent dans son atelier ; les travaux du peintre furent récompensés par l'opulence. Charles II, roi d'Angleterre, lui fit proposer par son envoyé à La Haye, de venir s'établir à Londres. Netscher quoique jeune encore, mais d'une santé délicate et presque toujours malade, refusa ces propositions avantageuses ; en effet, il mourut bientôt après âgé de quarante-cinq ans, laissant après lui une fortune de plus de 80,000 florins.

Il aimait, comme nous l'avons dit plus haut, à peindre des sujets de l'histoire romaine ; le besoin lui fit embrasser le genre du portrait. Sa touche moëlleuse, sa couleur harmonieuse et son talent admirable pour rendre les étoffes, firent mettre à un très-haut prix l'avantage d'être peint par lui, et ses portraits furent d'autant plus estimés, que son goût délicat avait l'art de les enrichir d'accessoires spirituels et aimables.

Ses deux fils s'attachèrent également au portrait ; l'aîné Théodore, y réussit mieux que Constantin son cadet ; mais celui-ci jouit pendant sa vie d'une plus grande renommée, parce qu'il savait sur-tout embellir les portraits de femmes.

PLANCHE IV.

POTTER (PAUL).

DEUX CHEVAUX A L'AUGE ; *peint sur bois ; hauteur vingt-cinq centimètres ou neuf pouces trois lignes ; largeur vingt-sept centimètres ou dix pouces.*

Deux chevaux de trait qui reviennent du travail, sont placés devant une auge à la porte d'une chaumière ou d'un cabaret de village. Ils attendent qu'on leur apporte du fourage ; l'un plus vigoureux montre aussi plus d'impatience, et le témoigne par son hennissement ; le second plus harassé a la tête penchée vers la terre, les oreilles basses, la jambe gauche de derrière à peine appuyée sur la pince

PAUL. POTER.

DEUX CHEVAUX A L'AUGE.

REMBRANT.

PORTRAIT D'UN RABIN.

Dess.^é par Montagnis.   Grá. par F.^{çois} Masson.

JASON.

du sabot; il est difficile de mieux exprimer la lassitude d'un vieux
cheval. Sur le second plan , on voit un valet d'écurie portant un sceau
destiné à faire boire ces chevaux; un chien l'accompagne. Le fond
représente une vaste prairie où paissent des bestiaux , et que borne
à l'horizon un grand village hollandais.

Ce joli petit tableau est un échantillon de l'un des plus beaux talens
de l'Ecole Hollandaise. Il est signé Paulus Poter et porte la date de 1647.

PLANCHE V.

LIEVENS (JEAN) , né à Leyde en 1607 ; élève de LATSMAN.

PORTRAIT D'UN RABIN; *peint sur bois; hauteur quarante-
sept centimètres ou un pied cinq pouces huit lignes; largeur trente-
cinq centimètres ou un pied trois pouces.*

Ce Rabin , vénérable par son âge , est assis ; ses mains sont appuyées
sur un bâton. Il est vêtu d'une large simare de velours à manches ,
que des agraffes arrêtent par-devant; il est coiffé d'une toque noire ;
une longue barbe blanche descend sur sa poitrine. L'immobilité de sa
pose et de ses traits semble indiquer qu'il assiste à quelque assemblée ; son regard est fixe, son œil un peu élevé; il paraît prêter
une oreille attentive au discours de quelque orateur qui serait placé
dans une tribune.

Ce tableau sort de la Galerie de Turin où il était attribué à Rembrandt ;
mais quoiqu'il soit d'une couleur agréable , il suffit de l'examiner avec
un peu d'attention pour reconnaître qu'il n'appartient point à ce maître ;
il n'a point la transparence de sa couleur ; l'exécution d'ailleurs a un
caractère de sécheresse totalement étrangère à celle de Rembrandt.

PLANCHE VI.

STATUE.

JASON DIT CINCINNATUS.

On conçoit difficilement comment on avait cru reconnaître dans
cette belle statue , le portrait de cet illustre romain. Ce fut cependant

pour aider à cette désignation vicieuse, tout-à-la-fois contraire, et à l'idée que l'histoire nous donne de Cincinnatus, et à l'âge qu'il devait avoir lorsqu'il mérita par ses services que son effigie fût transmise à la postérité, et aux convenances mêmes qui n'eussent pas permis au statuaire de représenter dans cet état de nudité un personnage aussi grave, que l'on s'avisa en restaurant cet Antique d'ajouter sur la plinthe le soc de charrue que l'on y voit, et que l'on chercha à appuyer une idée fausse par un attribut supposé.

Visconti, savant plus éclairé, examina depuis cette statue avec plus d'attention; la nudité totale de la figure, l'action à laquelle elle se livre, et cependant l'air d'étonnement empreint sur la tête qui semble occupée d'un objet d'une toute autre importance, enfin, la sandale que l'on voit abandonnée sur le sol, ont été les circonstances que la réflexion a saisie pour arriver à la vérité, et qui, en les confrontant avec certaines circonstances de la vie de Jason, n'ont plus laissé de doute que ce ne fut ici le portrait de ce fils d'Eson et d'Alcymède. Pélias, usurpateur du trône d'Iolchos, dont Jason devait hériter, le croit mort. On lui a prédit cependant de se défier de l'homme qui paraîtrait devant lui un pied nud. Jason est élevé en secret par le centaure Chiron; à l'âge de vingt ans, un oracle lui commande de se rendre à la cour de Pélias; il trouve dans son voyage le fleuve Anaure débordé; une vieille femme l'aide à le traverser; c'est Junon. Parvenu sur la rive opposée, tandis que Jason rattache sa sandale droite, Junon reprend sa forme divine; le fils d'Eson surpris de ce prodige oublie sa sandale gauche, et se rend dans cet état chez Pélias; la suite de la fable n'est pas de notre sujet.

En comparant ces circonstances avec toutes les intentions données à ce marbre par le statuaire, il ne reste plus d'incertitude sur le nom à donner à cette figure. Il serait du moins difficile de trouver une explication plus ingénieuse et qui s'accordât plus avec la vraisemblance.

La France possède cette statue depuis long-tems; elle est de marbre *pentélique*, et sort du palais de Versailles; jadis elle décorait à Rome la *Villa Negroni*. Malgré les restaurations majeures qu'elle a éprouvée, c'est encore une des belles figures du Musée Napoléon.

REMBRANDT.

Dessiné par Claude.   Gravé par Devilliers.

LA PRÉSENTATION AU TEMPLE.

EXAMEN
DES PLANCHES.

CINQUANTE-CINQUIÈME LIVRAISON.

PLANCHE PREMIÈRE.

REMBRANDT.

LA PRÉSENTATION AU TEMPLE ; *peint sur bois ; hauteur soixante-quatorze centimètres six millimètres ou deux pieds trois pouces ; largeur quarante-huit centimètres cinq millim. ou un pied cinq pouces huit lignes.*

L A Purification était une cérémonie religieuse en usage chez les Israélites ; la religion chrétienne en a conservé quelques traces. Elle était ordonnée par le Lévitique. Les femmes , d'après la loi judaïque , étaient, après l'enfantement, considérées comme impures jusqu'à ce qu'elles eussent satisfait à cette obligation. Cet état d'impureté était fixé à quarante jours pour les femmes qui avaient mis au jour un enfant mâle , et à quatre-vingts jours pour les mères des filles. Ce tems écoulé , elles étaient tenues de se présenter au Temple pour s'y faire purifier ; et l'accomplissement de cette loi les réintégrait dans le droit de participer aux choses saintes. C'était donc une solennité dont les femmes ne se dispensaient jamais , et que leurs familles ne leur auraient pas permis de négliger. Elles se revêtaient de leurs plus riches habits ; elles portaient avec elles leur nouveau né ; elles se faisaient accompagner de leurs parens principaux , et de ceux de leurs amis les plus élevés en dignités. Elles déposaient à l'entrée du Temple un agneau destiné à servir d'holocauste. Les moins riches se contentaient d'offrir deux jeunes tourterelles.

Cette cérémonie avait encore un autre objet , et c'était à cet égard qu'elle était spécialement appelée Présentation. L'Eternel avait ordonné par une loi mentionnée dans l'Exode , que tous les premiers nés lui fussent offerts. Cette loi accomplie , ces enfans étaient rachetés ; on payait cinq sicles pour les garçons et trois pour les filles.

« Je suis venu pour accomplir la loi » a dit le fils de Dieu ; ainsi donc Jésus se soumit à toutes celles imposées au peuple dans le sein duquel il daigna prendre naissance ; et c'est un de ces grands actes de soumission que Rembrandt a représenté dans ce tableau. Dans un vaste péristyle , dont les voûtes paraissent d'une élévation prodigieuse , et au bas d'un perron spacieux dont les marches nombreuses que montent dans ce moment des flots de peuple , conduisent au sanctuaire , le Grand-Prêtre , debout , étend les mains sur la Vierge agenouillée devant lui. Saint Joseph est à côté de son épouse , et présente les tourte-relles qu'il apporte en offrandes. Le vieillard Siméon tient entre ses bras l'Enfant Jésus , et à l'exaltation de sa tête , à ses regards tournés vers le ciel , à son genou qu'il a fléchi vers la terre , on reconnaît qu'il prononce ce *nunc dimittis* que l'église répète encore aujourd'hui dans ses prières. Quelques lévites assistent le Pontife dans ses fonctions ; et sur le devant du tableau deux docteurs de la loi , assis , semblent con-sidérer cette cérémonie.

On reconnaît Rembrandt dans ce tableau. On y retrouve également la bizarrerie qui caractérise la plupart de ses compositions , et lui fait sacrifier souvent les convenances au désir de produire de l'effet. Le Grand-Prêtre , l'un des principaux personnages de cette scène , n'est presque vu que par le dos. Les deux figures du devant tournent éga-lement le dos aux spectateurs. La Vierge , Saint Joseph , Saint Siméon sont de même placés à contre-sens , relativement au sanctuaire , auquel la saine raison indique qu'ils devraient faire face. Mais malgré ces in-convenances , ce tableau n'en est pas moins digne de la haute réputa-tion de son auteur. L'ensemble en est pittoresque ; et dans le mouvement de ce peuple qui monte les degrés du Temple , et semble s'enfoncer et se perdre dans cette longue et obscure galerie , dans cette architec-ture colossale étrangère aux édifices que nous connaissons , dans cet immense rideau dont l'épaisseur semble écarter les regards profanes des mystères qu'il dérobe aux humains , il règne je ne sais quoi d'an-tique et d'auguste , qui force la pensée à remonter vers l'obscurité des premiers siècles.

S.ᵗ FRANÇOIS EN EXTASE.

Ce tableau décorait la galerie du Stathouder, à la Haye ; il est
d'une exécution très-ferme et plus arrêtée que ne le sont communément les productions de ce peintre. Cette circonstance a fait douter
quelques amateurs de son originalité, et les ont entraînés à l'attribuer
à Van-Vliet, élève de Rembrandt, qui, selon eux, l'aurait exécuté
d'après ses dessins ; mais nous les croyons dans l'erreur ; et quoique
le Musée Napoléon possède des tableaux de ce maître, que nous ne
balançons pas à préférer à celui-ci, on ne peut s'empêcher de reconnaître son talent tout entier dans le groupe de Joseph, de Marie,
de Siméon et des Prêtres ; il lui appartient donc incontestablement,
et mérite le rang distingué qu'il occupe dans la Galerie.

PLANCHE II.

LAURI (FILIPPO), né en 1623, mort en 1694.

L'EXTASE DE SAINT FRANÇOIS ; *peint sur toile ; hauteur*
quarante-six centimètres trois millimètres ou un pied cinq pouces ;
largeur trente-huit centimètres cinq millimètres ou un pied deux pouces.

L'ON rapporte que Saint François étant tombé malade, éprouva un
extrême désir d'entendre de la musique, dans l'espoir qu'elle charmerait
ses souffrances ; mais que, par humilité, il n'osa demander qu'on lui pro-
curât ce soulagement. Le ciel récompensa cette vertu, et soudain un
chœur d'Anges se fit entendre. Les accords de ces célestes musiciens
furent tellement harmonieux, que le Saint fut ravi en extase. C'est le
moment que le peintre a rendu.

Le Saint est assis sur des rochers, à l'entrée d'une grotte. Il semble
sommeiller. Son bras droit est appuyé sur une pierre ; sa main gauche
repose sur une tête de mort. A ses côtés est un livre ouvert. Ses pieds
sont nuds ; ils portent, ainsi que les mains, l'empreinte des stigmates.
Au-dessus de sa tête, des Anges, des Trones et des Chérubins, por-
tés sur des nuages qu'éclairent un rayon de lumière, forment un
concert. L'un d'eux joue du violon ; et par une bizarrerie non moins
singulière, le peintre a chaussé du cothurne cette figure céleste. Dans
le fond, on aperçoit un religieux ou hermite assis, profondément occupé d'une lecture.

Ce tableau est d'une composition ingénieuse , et d'une couleur
agréable. C'est le seul de cet artiste que possède le Musée Napoléon.

L'histoire des arts a conservé le souvenir de trois peintres du nom
de Lauri : Francesco et Filippo Lauri frères. Ils étaient l'un et l'autre
fils de Baldasare Lauri , Flamand.

Francesco Lauri , surnommé le Romain , était élève du Sacchi , et
annonça de si rares dispositions pour la peinture , que son maître se
flattait de rendre aux arts un second Raphaël. Mais à peine était-il
sorti de l'adolescence , que la mort vint détruire de si belles espérances.
Il ne reste, pour juger des talens de cet intéressant jeune homme , que
trois figures de Déesses qu'il peignit à fresque sur la voûte de la salle
des Crescenzi. Lanzi du moins assure qu'aucun autre ouvrage de ce
peintre n'est parvenu à sa connaissance.

Filippo Lauri , son frère , dont nous venons de décrire le Saint
François , poussa sa carrière beaucoup plus loin ; ses ouvrages , assez
nombreux et estimés , sont répandus dans beaucoup de cabinets. Conservant un peu le goût des peintres du pays de son père , il excellait
dans les petits sujets. Son dessin avait assez de correction et de grâce :
ses paysages sont communément frais et agréables , mais ils n'ont point
un caractère de couleur entièrement décidé ; tantôt la vigueur en est
extrêmement prononcée , tantôt elle dégénère en faiblesse. Il aimait
à peindre des Bacchanales , et ce goût le faisait quelquefois tomber
dans la bizarrerie et la caricature. On lui doit d'avoir souvent enrichi
de figures les paysages de Claude Lorain. Il s'exerça quelquefois
sur de grands sujets d'histoire ; mais il y réussissait moins bien. Mengs
cite cependant avec un grand éloge un Saint Saverien peint par Filippo
Lauri , que possédait M. Goltz. Il mourut à Rome à l'âge de soixante-
onze ans. Watelet nous apprend que plusieurs de ses tableaux ont été
gravés ; il cite le Printems et l'Eté par Ravenet , et le Départ de
Jacob par Major.

Baldasare , père des deux Lauri , quoique classé parmi les paysagistes estimés , fut cependant moins connu que ses fils. Il était élève
de Paul Brill , et Baldinucci le cite deux fois dans son histoire. Il
était à Rome à l'époque où florissait le Sacchi.

No. 347.   Ecol.e Flam.de

Dessiné par Clousle.   Gravé par Portman.

UNE FEMME A LA QUELLE UN MÉDECIN TATE LE POULS.

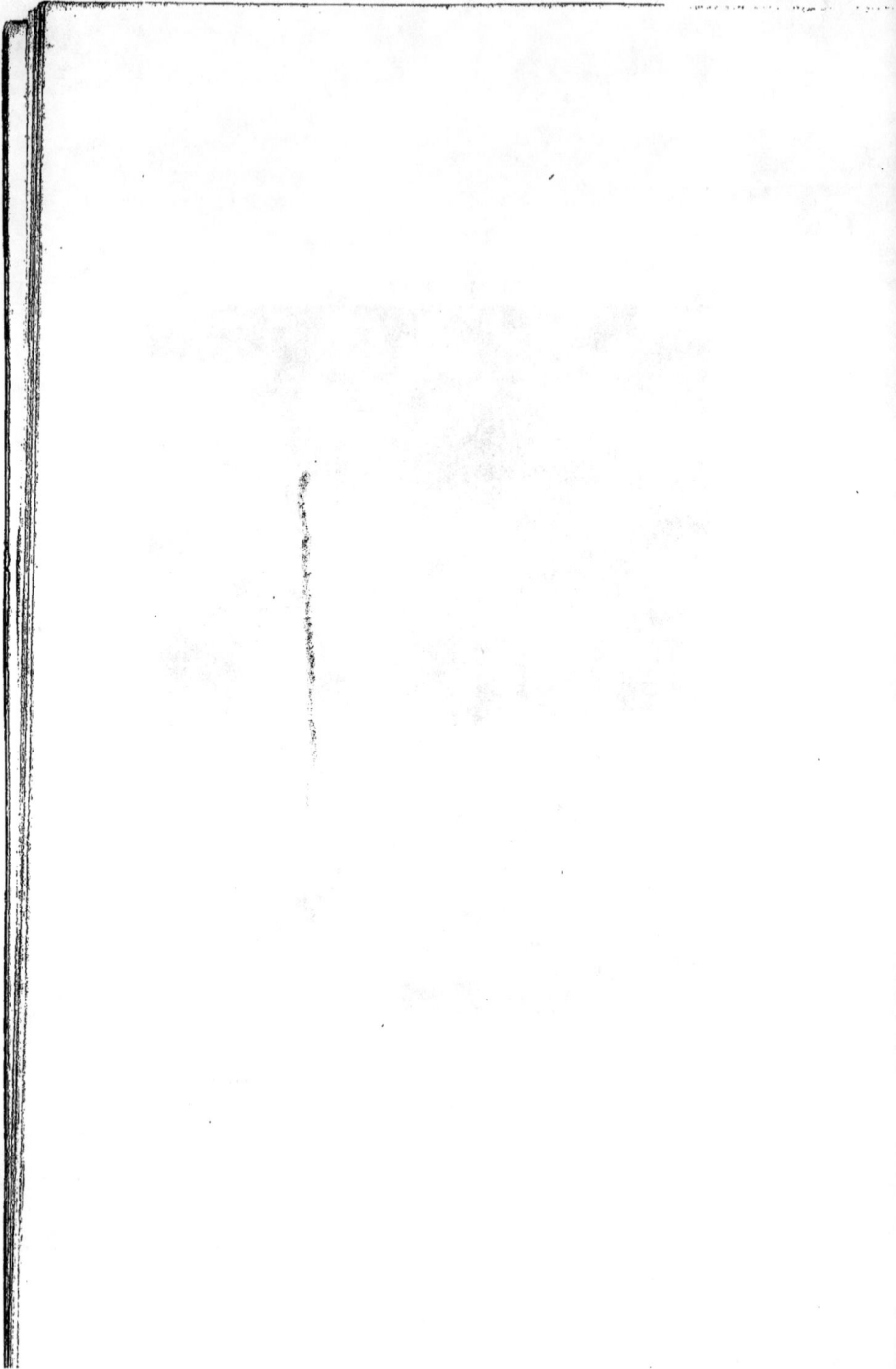

PLANCHE III.

STEEN (JEAN), né à Leyde en 1636, mort à Delft en 1689, fut élève de BRAUWER et de VAN GOYEN.

UNE FEMME A LAQUELLE UN MÉDECIN TATE LE POULS ;
peint sur bois ; hauteur soixante-deux centimètres huit millimètres ou un pied onze pouces ; largeur quarante-neuf centimètres trois millim. ou un pied six pouces.

UNE jeune femme hollandaise, assise près de son lit qu'elle vient de quitter, reçoit la visite de son médecin. Le moderne Esculape, dont le costume est assez bizarre, et qui par son chapeau pointu ne ressemble point mal au Sganarelle de Molière, tâte avec attention le pouls de la malade. Entre ces deux figures on aperçoit une servante qui semble attendre les ordres que le médecin va donner. On voit dans le fonds une vieille femme accroupie devant la cheminée, et occupée à attiser le feu.

La chambre est décorée à la manière hollandaise. Un grand tableau d'histoire est au-dessus de la cheminée. Il règne dans cette chambre une espèce de désordre qui semble annoncer que la scène se passe le matin ; une pantoufle, une chaufrète et quelques vases sont épars sur le plancher. Un petit chien sur le devant, couché sur un coussin, jappe après le docteur.

Ce joli tableau, dont la composition est simple et naturelle, et dont les figures ont une grande vérité d'expression, sort du cabinet du Stathouder. Quelqu'agréable que soit cette production, c'est cependant la moins importante de celles de cet habile peintre que l'on voit au Musée. Il en est de très-capitales, dont nous aurons occasion de parler dans la suite, et les derniers triomphes de S. M. l'empereur et roi viennent d'en acquérir à la France plusieurs autres qui ne sont pas moins dignes d'admiration.

PLANCHE IV.

BRIL (PAUL), né à Anvers en 1556, mort à Rome en 1626, fut élève de DANIEL WOLTERMANS.

UN PAYSAGE; *peint sur toile ; hauteur quarante-quatre centimètres ou un pied quatre pouces ; largeur soixante-neuf centimètres deux millimètres ou deux pieds un pouce.*

UNE rivière serpente entre deux côteaux élevés et boisés. Deux pêcheurs, sur le devant du tableau, semblent attendre, pour la traverser, un bateau que deux de leurs compagnons manœuvrent sur l'autre rive et leur amènent. On aperçoit dans le fonds un village, et un peu plus loin une cascade, dont l'eau alimente ou forme cette rivière.

Ce paysage est une vue d'Italie, et ce sont presque toujours des sites de cette belle contrée que cet habile peintre a représentés. Annibal Carrache s'est plu souvent à les enrichir de figures. Quelqu'agréable que soit ce tableau, ce ne serait cependant pas d'après lui qu'il conviendrait de juger le talent de Paul Bril. Le Musée en possède plusieurs de ce maître bien supérieurs à celui que nous publions aujourd'hui, et nous les ferons connaître dans la suite. Celui-ci appartenait à l'ancienne collection des rois de France.

PLANCHE V.

REMBRANT.

LE PORTRAIT DE REMBRANT, peint par lui-même ; *peint sur toile ; hauteur un mètre trente-trois centimètres quatre millimètres ou trois pieds cinq pouces ; largeur quatre-vingt-dix centimètres six millimètres ou deux pieds neuf pouces.*

CET artiste célèbre s'est ici représenté dans son atelier, et tenant sa palette. Il paraît considérer une personne dont il se propose de faire le portrait.

P. BRIL.

Des.né par Gregorius   Gra.é à l'eau forte par Devilliers, J.er   Term.é par e Normand

PAYSAGE.

PAYSAGE.

N.º 329.

Eco.ᵉ Flamᵈᵉ

Dessiné par Plonski.

Gravé par Oortman.

PORTRAIT DE REMBRANDT.

Dessiné par Thudier.   Gravé par Legrat.

Sujet Sculp.

DIEU MARIN.   JUPITER.

Rembrant pouvait avoir soixante ans lorsqu'il fit ce tableau. Quand le caractère de la figure n'indiquerait pas cette époque, on la reconnaîtrait à cette manière heurtée, indécise et cependant harmonieuse qui distingue les dernières productions de ce grand maître.

Ce tableau sort de l'ancienne collection des rois de France.

PLANCHE VI.

DIEU MARIN DIT L'OCÉAN, HERMÈS ANTIQUE.

JUPITER, BUSTE.

VISCONTI pense que le statuaire a voulu représenter par la première de ces têtes, un Triton plutôt que l'Océan, attendu que les anciens, pour figurer ce dernier, n'ont pas communément employé les formes monstrueuses que l'on remarque dans celle-ci. Il pense de même que c'est ici un de ces Hermès colossaux dont les Romains étaient dans l'usage de décorer les maisons de campagne qu'ils élevaient sur les côtes riantes et fertiles qui couronnent le golphe de Naples. Ce Triton a la poitrine, les joues, les sourcils couverts d'écailles de poisson. On aperçoit des têtes de dauphins sortir au travers de sa barbe. Des pampres couronnent sa tête. L'on croit qu'ils font allusion à la fécondité des côteaux de Naples ; comme on veut également que les cornes qui pointent au travers de ses cheveux soient l'emblême des tremblemens de terre, que les anciens attribuaient aux divinités de la mer.

Les anciens monumens représentent en effet l'Océan sous la figure d'un vieillard assis sur les ondes de la mer, tenant une pique à la main et ayant communément à ses côtés un monstre marin. On le trouve aussi quelquefois représenté tenant une urne renversée, de laquelle s'écoule de l'eau pour figurer la mer, les fleuves et les fontaines. Les Égyptiens donnaient au Nil les mêmes attributs que les Grecs à l'Océan, et les uns et les autres le regardaient comme le père de tous les Dieux. Noël remarque judicieusement qu'en cela, ils suivaient le système de Thalès, qui voulait que l'eau fût la matière première dont tous les corps fussent formés ; il pense encore que l'un des Titans porta le nom d'Océan, d'autant mieux qu'à l'aide de cette supposition, on parvient alors à expliquer plusieurs passages obscurs de la Théogonie des anciens.

L'Océan était fils d'Uranus et de la Terre ; il épousa Thétis, dont il eut, dit-on, trois mille filles.

Cette belle figure est en marbre de Paros. Elle fut découverte il y a près de quarante ans près de Pozzuoli, dans le golphe de Naples. M. Hamilton, peintre anglais, l'acheta, et dans la suite la céda au pape Clément XIV. Elle sort du Musée du Vatican.

Le second buste représente la tête de Jupiter. De tous les portraits de ce maître des Dieux qui soient parvenus de l'antiquité jusqu'à nous, il n'en est point de plus imposant, de plus majestueux, de plus grandiose que celui-ci. Cette tête est sublime. Tous les traits peignent d'une manière admirable la sérénité, la majesté, la douceur ; et selon le savant que je citais tout à l'heure, ils rendent parfaitement l'idée exprimée par l'épithète de MANSUETUS, que dans les siècles reculés on donnait quelquefois à ce Dieu.

Ce buste est de marbre de Luni. Il fut découvert à Otricoli, jadis *Colonia Ocriculana*, à dix-sept lieues de Rome, sur la voie Flaminienne. Il sort du Musée du Vatican, où Pie VI l'avait fait placer. On présume que c'est un fragment d'une statue colossale.

N. POUSSIN.

UNE BACCHANALE.

EXAMEN
DES PLANCHES.

PLANCHE PREMIÈRE.

POUSSIN (NICOLAS).

UNE BACCHANALE; *peint sur toile ; hauteur un mètre dix-huit centimètres ou trois pieds sept pouces ; largeur un mètre soixante-dix-sept centimètres ou cinq pieds quatre pouces.*

Nos lecteurs se rappelleront sans doute que dans la quarante-unième livraison de cet ouvrage, nous avons décrit un tableau du Poussin, connu dans les Arts sous le titre de l'Education de Bacchus. Quoique la composition en soit totalement différente de celle du tableau que nous allons décrire, le sujet de celui-ci paraît être à-peu-près le même que celui de l'ouvrage que nous rappelons, et l'on pourrait également lui donner le même titre, ou tout au moins supposer que si l'intention de l'artiste n'a pas été de répéter ici sa première pensée, il a du moins voulu peindre un des instans de l'enfance de ce Dieu.

Ici des faunes et des bacchantes, la tête couronnée de pampres, sont couchés sur le gason. L'une des bacchantes dont se compose le groupe du premier plan, est assise et pince du luth. A ses côtés est un enfant à peine sorti du berceau, nud, couché sur une draperie et enseveli dans un profond sommeil. Dans ce même groupe, un faune debout, tenant de la main gauche une grappe de raisin, verse de la droite la liqueur qu'il vient d'exprimer dans la coupe d'un enfant, de Bacchus sans doute, car celui-ci est distingué des autres enfans par une écharpe de pampres. L'expression de cet enfant est admirable. L'effort qu'il fait pour élever sa coupe autant que ses deux jolis petits bras peuvent le permettre, la joie qu'il éprouve en voyant couler la liqueur, sa crainte enfantine que l'échanson n'en soit trop avare, l'expression suppliante pour en obtenir davantage que l'on remarque dans sa pose et dans le mouvement de sa tête, tout est rendu avec une grâce, une vérité, un charme qui n'appartiennent qu'au Poussin. La figure placée sur le devant et qui tourne totalement le dos au spectateur, est également admirable, et il fallait être cet habile homme pour exprimer dans toute l'habitude du corps de ce personnage le premier abandon de l'ivresse, et savoir se passer de l'expression des traits du visage. Il présente sa coupe vide à l'échanson, qui semble lui dire : Tu peux attendre que cet enfant soit servi.

Un sage comme le Poussin aurait dû, je pense, jeter un voile moins transparent sur le groupe que l'on aperçoit sur la gauche du tableau. Une bacchante entièrement nue, est couchée à l'ombre de quelques arbres que des vignes ceignent de leurs guirlandes. L'ivresse est peinte dans tous ses mouvemens. Ses charmes sont l'objet des regards malins de deux faunes, dont l'un lui présente un bouc, et l'autre lui épanche une coupe sur la tête. Des enfans animent encore ce tableau par leurs jeux, et l'un d'eux un masque sur la figure, semble vouloir effrayer celui qu'il poursuit. Le paysage représente un désert, mais dont l'aspect n'a rien de rebutant. Une plaine bordée par des rochers ; des arbres touffus ; enfin tout ce qui annonce la solitude ; comme si ce peintre penseur eût voulu faire entendre que la licence des orgies doit fuir les regards des mortels, et qu'elle éprouve elle-même le besoin de se cacher.

De tous les Dieux, objets du culte des anciens, nul n'est plus que Bacchus tombé dans le mépris parmi nous. La poésie même semble le réprouver, et son nom ne se rencontre plus guère aujourd'hui que dans les chansons grivoises, triviales ou licencieuses. La raison en est simple, c'est qu'il préside à celui de tous les vices dont l'usage dégrade le plus l'homme. Rien de plus avilissant en effet, de plus honteux, de plus funeste que l'ivresse. Dieu des plaisirs désordonnés, l'antiquité l'avait revêtu de la même puissance dont il jouit parmi nous ; mais alors des idées religieuses, la solennité du culte, donnaient une sorte

S.ᵗᵉ CÉCILE.

(5)

de majesté, une espèce de caractère imposant aux excès mêmes dont il était l'objet et le prétexte ; mais dépouillé maintenant de cette magie, on ne voit plus dans ce nom de Bacchus que le mot de ralliement du rebut de la société ; et tandis que notre imagination brillante conserve encore tant de puissance à des Dieux qui n'appartiennent plus qu'à la Fable, tandis que Mars réveille encore en nous les idées de la gloire, l'Amour celles des jeux et des plaisirs, Minerve celles des arts et de la sagesse, on détourne les yeux de ce Bacchus, dont le souvenir ne traîne notre esprit que sur les asiles de la débauche. Il faut convenir que si Bacchus, conquérant des Indes, législateur de l'Egypte, inventeur de l'agriculture, inspira assez de respect, d'étonnement et de reconnaissance aux hommes pour mériter qu'ils le plaçassent au rang des Dieux, et que si son apothéose, accordée par l'erreur et l'aveugle crédulité, fut le fruit de ses vertus et de ses bienfaits, ses premiers adorateurs firent un grand tort à sa gloire en rangeant le pampre sous sa puissance. Plus malheureux qu'Anacréon dont le souvenir rit encore aux muses érotiques, le sien les flétrit dès qu'il se montre. Le tableau même que nous venons de décrire en est la preuve ; quelque soit la grâce, la science, l'amabilité que le Poussin y a répandus, il décèle je ne sais quoi de dégoûtant qui répugne, je ne dis pas à l'honnêteté, mais simplement à la délicatesse, à la politesse de nos mœurs. Il reporte le spectateur malgré lui à ces Bacchanales, à ces Dyonisiaques, à ces Triétériques, à ces fêtes enfin si fameuses chez les Grecs et les Romains, et dont les descriptions forcent à fermer le livre quand on les rencontre dans les historiens de l'antiquité.

Ce tableau est depuis très-long-tems en France. Il faisait partie de l'ancienne collection.

PLANCHE II.

DOMINIQUIN.

SAINTE CECILE ; *peint sur toile ; hauteur un mètre soixante-neuf centimètres ou cinq pieds un pouce ; largeur un mètre vingt-six cent. ou trois pieds dix pouces.*

Sainte Cécile chante les louanges du Seigneur ; elle s'accompagne d'une basse de viole. Devant elle un Ange lui présente le livre où sont inscrits les cantiques inspirés par Dieu même au poète roi.

Ce tableau est incontestablement un des plus précieux de ceux de ce grand peintre que possède le Musée, et réunit la sublimité de l'expression au pinceau le plus délicat. La tête de Sainte Cécile est belle de pudeur; aucune passion n'a altéré la virginité de ses traits; elle paraît animée de l'esprit divin. Sa candeur doit plaire autant à l'Eternel, que sa beauté même inspire de respect aux hommes.

Le Dominiquin a fait plusieurs tableaux sur ce même sujet. Celui-ci fut exécuté pour le cardinal Ludovisi; M. de Nogent l'apporta en France, le céda au sieur de Jabach, qui le vendit à Louis XIV.

Ce tableau a été gravé par Picard le Romain.

PLANCHE III.

TENIERS (DAVID).

LE RÉMOULEUR; *peint sur bois; hauteur quarante centimètres huit millimètres ou quatorze pouces neuf lignes; largeur vingt-huit centimètres ou dix pouces.*

UN de ces rémouleurs ou *gagne-petit*, ainsi que le peuple les appelle, qui parcourent les bourgs et les villages en poussant devant eux leurs boutiques ambulantes, s'est arrêté dans un hameau flamand, dont les habitans viennent de lui apporter quelques couteaux à repasser. L'on aperçoit dans le fond le pignon de deux maisons de ce hameau, et deux paysans qui en prennent le chemin.

Ce sujet est d'un bien faible intérêt, et malgré l'énorme quantité de tableaux que l'on doit aux pinceaux de Teniers, on s'étonne que celui-ci, quoiqu'il soit d'une couleur aimable et d'une exécution facile, ait pu l'occuper un seul instant. En réfléchissant bien sur le motif qu'il put avoir, j'avoue que j'ai peine à me défendre d'une conjecture, que je ne présente au reste ici que pour ce qu'elle vaut.

Le Limosin, la Franche-Comté sont depuis long-tems les deux contrées qui fournissent le plus d'hommes à cette profession de rémouleur. On les reconnaît assez facilement à leur air épais et pesant, à leur figure rarement expressive, et dont les traits dénotent communément l'ignorance. Leur stature est d'ordinaire grêle et leurs membres maigres et sans grâces. Leurs vêtemens sont négligés et assez voisin

Pl. 333. **D. TENIERS.**

Peint par N. Le Roy.　　　Gravé à l'eau-forte par Lecauge 1.　　　Ter. par Langlois, f.

LE RÉMOULEUR.

K. DUJARDIN.

LA FILEUSE.

de la misère. Il faut convenir qu'on ne retrouve ici aucun des
caractères particuliers à ces hommes. Il règne une sorte de fierté,
d'audace même dans la figure de celui-ci, bien étrangère à son
état. Ses yeux sont vifs et animés ; son vêtement est assez soigné ; ses
cheveux ne sont point négligés : cette plume qu'il porte à son chapeau
a quelque chose de martial. Son attention a l'air d'embrasser un objet
d'une toute autre importance que le métier qu'il semble faire, et ce
qu'il a l'air d'examiner l'occupe bien plus que ce qu'il fait. Ne serait-ce
point ici le portrait de l'un de ces célèbres partisans, qui, pendant la
guerre, cachés sous d'adroits déguisemens, parcourent les lieux pour en
examiner les positions, les connaître et assurer d'autant plus le succès de
leurs coups de mains. Le nom de celui-ci n'aura point été conservé,
et l'on aura perdu la trace de l'intention du peintre ; alors on n'aura
plus vu qu'un rémouleur dans un sujet qui dans l'origine aura été bien
plus digne d'occuper les pinceaux de ce grand artiste. Mais, je le
répète, ceci n'est qu'une conjecture, que je ne me permettrai d'appuyer
que d'une seule réflexion ; c'est que Teniers n'était pas dans l'habitude
d'ennoblir ces personnages, et que dans celui-ci il y a une sorte de
noblesse qui ne lui est point familière.

PLANCHE IV.

DUJARDIN (KAREL).

LA FILEUSE ; *peint sur bois ; hauteur trente-deux centimètres huit
millimètres ou onze pouces dix lignes ; largeur quatrante centimètres
ou quatorze pouces six lignes.*

DANS un paysage étincelant de lumière, et brûlé pour ainsi dire
par les rayons du soleil du midi, cet habile artiste a représenté une
jeune villageoise. Elle est debout ; elle tient un fuseau dans ses mains.
Son coude est presque appuyé sur la croupe d'un taureau, qui se
frotte le col contre un tronc d'arbre, pour se débarrasser des mouches
qui le tourmentent. Cette jeune fille semble rêver. Elle a devant elle
un ânon qui s'est accroupi sur l'herbe, et qu'un petit chien agace.
Deux brebis que la chaleur fatigue, se sont réfugiées à l'ombre d'une
haye rustiquement composée de roseaux secs, attachés ensemble, et

soutenus par des pieux de bois. Le reste de la campagne de ce paysage est solitaire. Nulle habitation, nul être vivant, nulle culture même. Dans le fonds, de hautes montagnes qu'enveloppent la vapeur brûlante qui s'exhale de la terre et du sein des marais.

Toutes les productions de ce grand peintre, portent chacune un caractère de perfection qui leur est particulier ; il semble s'être attaché ici à représenter l'effet de la lumière, et il y est parvenu à un degré extraordinaire de vérité. Il y rivalise avec la nature. On oserait presque dire qu'il est parvenu à peindre la chaleur ; il semble qu'on la respire, qu'on en est accablé soi-même : si l'on s'arrête pendant quelques instans devant cet admirable tableau, on souffre involontairement pour cette jeune bergère en proie aux rayons d'un soleil ardent, dont l'insupportable poids tombe d'à-plomb sur elle. On veut mal au peintre de n'avoir pas donné plus de feuillé à ces arbres, pour procurer quelqu'ombrage à cette jeune fille ; et ce reproche est encore un hommage que l'on rend au génie de l'artiste, qui par cela même s'est encore plus rapproché de la nature, et a mieux rendu l'effet qu'il voulait exprimer. L'action de ce taureau, son air impatient et chagrin, la beauté de ses formes ; la nonchalance, l'affaissement de ces autres animaux que la pâture ne tente plus, et dont l'expression concourt si bien à l'effet général, tout est dans ce tableau d'une vérité admirable, tout y rappelle le talent supérieur de ce grand maître, et avec quelle profondeur de méditation il avait étudié la nature.

PLANCHE V.

MIERIS (FRANÇOIS VAN).

LE JOUEUR DE VIELLE ; *peint sur bois ; hauteur quinze centimètres cinq millimètres ou cinq pouces neuf lignes ; largeur onze centimètres sept millimètres ou quatre pouces quatre lignes.*

UN homme coiffé d'une riche toque de velours violet, portant une fraise de point, et vêtu d'un habit de satin à l'espagnole, joue de la vielle.

Est-ce un musicien célèbre de son tems sur cet instrument, ou quelque grand seigneur qui se fait un amusement de cette occupation

F. MIÉRIS.

Dessiné par E.Bourdon.   Gravé par E.Bouvais.

LE JOUEUR DE VIELLE.

Dessiné par Montagny.   Gravé par Al.^{dre} Massard.

TIBERE.

que Mieris a prétendu représenter dans ce portrait? c'est ce qu'il n'est pas facile de deviner. La vielle étant abandonnée aujourd'hui à de pauvres savoyards qui s'en servent pour obtenir quelques secours légers de la charité publique, l'idée que nous nous faisons de cet instrument ne s'accorde guère avec la richesse du costume que le peintre a donnée à ce musicien. Mais la vielle n'a pas toujours été dans le discrédit où nous la voyons maintenant. Elle a eu sa vogue, ses beaux jours, ses virtuoses, ses amateurs. Au commencement du dernier siècle, elle était très à la mode. Les plus jolies femmes, les plus grands seigneurs voulaient savoir jouer de la vielle. L'époque de son plus grand lustre fut à la fin de la régence, et au commencement du règne de Louis XV; et quoique Mieris soit antérieur à ce tems, il est possible que déjà lorsqu'il florissait, les gens riches eussent pris le goût de la vielle.

PLANCHE VI.

TIBERE. — STATUE.

TIBÈRE est représenté dans cette statue revêtu de la toge romaine. Cet antique est extrêmement précieux par la manière admirable dont la draperie est exécutée. Il est presque impossible de réunir à-la-fois plus de goût, de finesse et de hardiesse dans le travail; ce ne peut être que l'ouvrage d'un très-habile homme.

La tête est rapportée; elle n'en est pas moins antique, et la ressemblance est parfaite avec les médailles et autres portraits authentiques qui nous restent de cet empereur, aussi fameux par sa sombre et féroce politique que par les cruautés et les débauches dont il souilla son règne. Cette statue ayant été trouvée dans l'île de Caprée ou Capri, dont Tibère préférait le séjour à celui de Rome, et où il vécut presque toujours pendant les dernières années de sa vie, on a pu croire que c'était une de celles que la flatterie lui avait prodiguées de son vivant, et dont la majeure partie fut brisée par la vindicte publique après sa mort. Celle-ci éprouva sans doute le sort commun à toutes les effigies des Césars qui déshonorèrent la pourpre impériale. Elle fut mutilée, puisque la tête ne s'est pas trouvée. Comme cette figure tient dans la main gauche le sceptre , autrement dit *scipion* , que l'on trouve communément dans les effigies des empereurs ou des triomphateurs ; cette circonstance donna plus de poids encore à la présomption première sur le personnage que cette statue représente. Au reste , cette espèce de sceptre n'est pas précisément ici un attribut du pouvoir suprême. C'est plutôt un ornement commun aux triomphes. Les triomphateurs portaient le laurier dans la main droite , et dans l'autre main l'aigle romaine au bout d'une haste. On sait que c'était l'enseigne des légions. Ce *scipion* ne rappelle donc , si toutefois je ne me trompe , que le bâton de la haste.

Quoiqu'il en soit , cette statue est un des plus beaux ouvrages que possède la Galerie des Antiques ; elle vient de la Galerie du Vatican , et se voit dans la salle dite des Romains.

Del. par Bourdon.   Gravé à l'eau-forte par Lerouge.   Ter. par Dambrun.

LE CHRIST AU TOMBEAU.

EXAMEN

DES PLANCHES.

~~~~~~

CINQUANTE-SEPTIÈME LIVRAISON.

~~~~~~

PLANCHE PREMIÈRE.

CARRACHE (ANNIBAL).

LE CHRIST PRÈS D'ÈTRE MIS AU TOMBEAU ; *peint sur cuivre; hauteur quarante-quatre centimètres ou seize pouces ; largeur trente-deux centimètres ou onze pouces six lignes.*

Il est peu de peintres célèbres dans les trois Ecoles qui n'aient traité ce sujet. En effet, à ne le considérer que sous les rapports purement humains, il n'en est point de plus touchant, de plus pathétique, de plus digne de la poésie. Quel spectacle que celui d'un sage consommé, d'un législateur illustre, d'un homme modèle d'innocence et de vertu, qui, pour ainsi dire à la fleur de l'âge, vient, dans les horreurs d'un supplice barbare, d'expirer victime de la perversité des hommes, de l'iniquité des juges et des préjugés de l'ignorance, et dont la dépouille mortelle devient l'objet des soins empressés et religieux de sa malheureuse mère, des femmes qu'il a le plus chéries, des disciples qu'il a le plus tendrement aimés. Soit que la peinture, pour exprimer cette action dramatique, choisisse, comme le firent Rubens, Daniel de Volterre et Jouvenet, le moment où l'on descend le Christ de la croix ; soit qu'elle le représente déjà couché sur le linceuil dont on va l'ensevelir ainsi que l'a fait le Corrège ; soit qu'elle le montre comme Michel Ange de Caravage au moment même où on le place dans le sépulchre ;

soit enfin qu'elle le peigne comme Annibal Carrache sur le bord de son tombeau, cette scène a toujours le pouvoir d'arrêter l'œil du spectateur, d'étonner le philosophe, de toucher les cœurs sensibles : et si l'on réfléchit à l'importance, à la grandeur, à la sublimité des pensées que peuvent ajouter à ces sentimens généraux, les opinions des cultes, on sentira que l'histoire n'offre point de sujet à la peinture plus digne d'enflammer le génie, et dès-lors on ne sera plus surpris qu'il ait occupé les pinceaux des hommes les plus renommés dans cet art.

Ici, le corps du Christ expiré vient d'être apporté par Saint Jean et Joseph d'Arimathie, près du tombeau où il doit être déposé. La Vierge, la Madelaine et Salomé les ont accompagnés et aidés à remplir ce funèbre devoir. Le corps a été placé sur un tertre; la Vierge et la Madelaine se sont assises à ses côtés, mais la Vierge a succombé à sa douleur. Elle s'est évanouie, et sa tête privée de force et de mouvement, s'est penchée et s'est appuyée sur l'épaule glacée de son fils. Salomé oublie tout alors pour ne s'occuper que du danger de cette mère déplorable. A l'effroi répandu sur tous ses traits, à son empressement, à son action, on voit que toute son attention se porte vers cet objet; et le sentiment que le peintre a donné dans cet instant à cette femme est parfaitement dans la nature. Le Christ est mort, elle peut donc l'oublier un moment, mais son amie peut être rappelée à la vie, et dès-lors voilà l'objet qui mérite tout son intérêt. Au contraire l'expression qu'Annibal a prêtée à la Madelaine est conforme au caractère que l'Ecriture donne à cette femme. Toutes ses facultés sont abymées dans son amour pour l'objet qu'elle a perdu. Tout ce qui se passe autour d'elle lui est étranger. Elle ne voit que le Christ. Ses doigts se sont entrelacés entre les siens; ses yeux se sont fixés sur sa figure; elle semble lui parler, l'interroger; le geste de sa main droite est éloquent. Derrière elle, Joseph d'Arimathie, moins alarmé cependant que Salomé, s'occupe aussi de la Vierge, et tient sous son bras le linceuil destiné à ensevelir son maître; tandis que derrière le groupe du premier plan, Saint Jean assis, la tête appuyée sur sa main, les yeux levés vers le ciel, oubliant dans sa méditation extatique tout ce qu'il y a de terrestre dans cette scène, semble percer et lire dans la profondeur de l'avenir, et ne songer qu'à la divinité des résultats futurs de cette grande catastrophe.

L'esprit général donné à cette composition est sagement médité.

APOLLON ET DAPHNÉ.

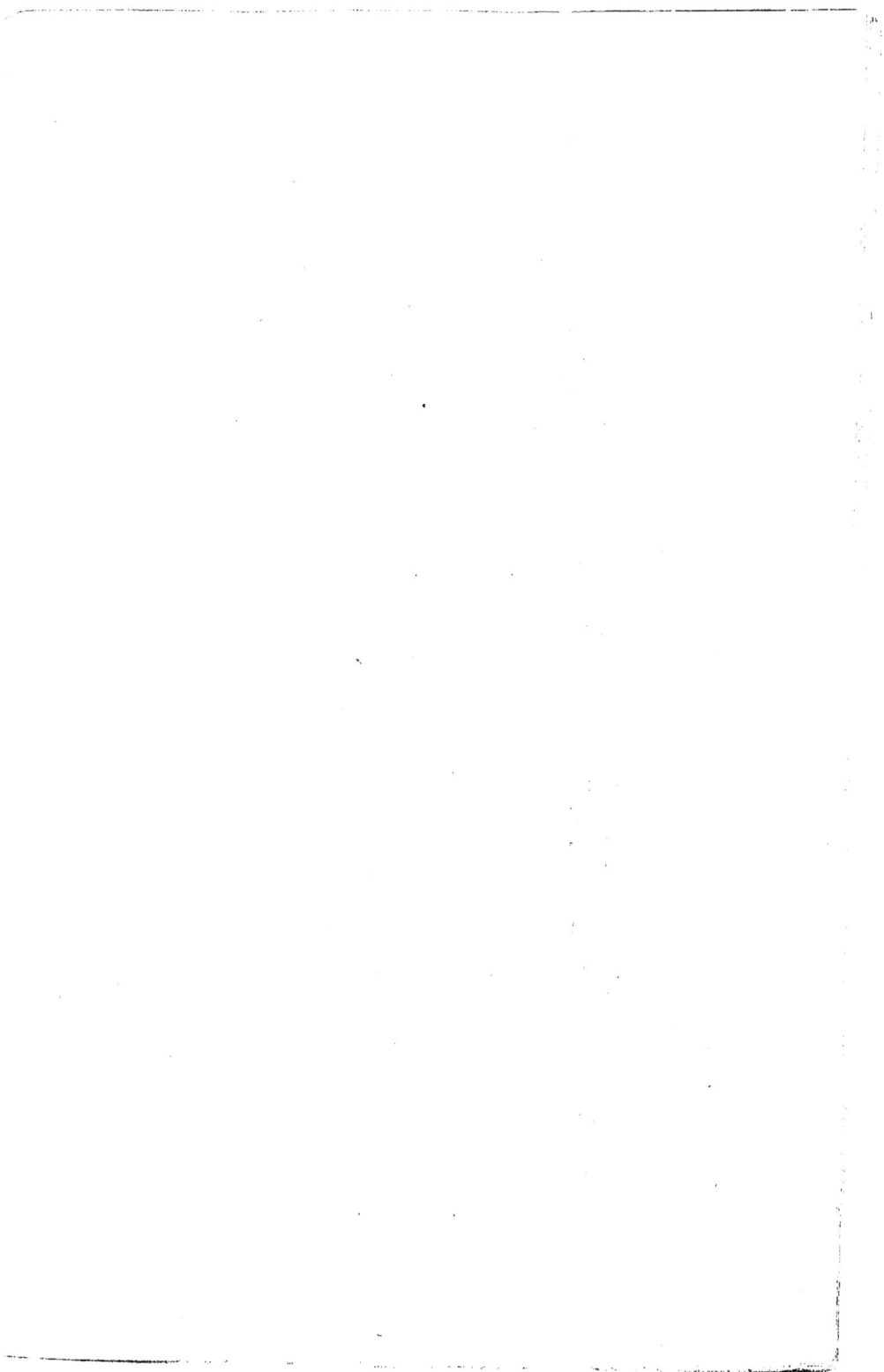

Toutes ces figures sont bien pensées. Cependant il règne dans ce tableau une sorte de timidité qui décèle la jeunesse du peintre et la défiance de soi-même. Certainement cet ouvrage est une de ses premières produc-tions, et il le composa avant d'être appelé à Rome par le cardinal Odoard Farnesi. Mais quoique l'on s'aperçoive qu'il ne s'était point encore arrêté au grand parti qu'il prit dans la suite, que l'on remarque aussi dans ce tableau une sorte d'arrangement symétrique qui se rapproche des compositions usitées dans le quinzième siècle, on est néanmoins forcé d'y reconnaître déjà l'homme qui appréciait les beautés du Corrège. La tête de la Madelaine est, par son expression, digne de ce grand maître. L'action de Salomé est, comme nous l'avons dit plus haut, parfaitement sentie. L'évanouissement de la Vierge est bien rendu; mais ici la pâleur de la tête de cette figure est trop semblable à la lividité de la mort, donnée avec juste raison par le peintre aux chairs du Christ; la nuance ne doit pas être la même, et c'est un défaut. En dernier résultat, le jugement le plus raisonnable, à mon sens, que l'on puisse porter de ce tableau, c'est que sous le rapport de l'exécution, c'est un ouvrage faible, mais que sous celui du sentiment il est digne du grand nom que son auteur s'est fait dans les Arts.

Il faisait partie de la collection des rois de France.

PLANCHE II.

ALBANE.

APOLLON ET DAPHNÉ ; *peint sur cuivre ; hauteur quinze centim. ou cinq pouces six lignes ; largeur trente-quatre centimètres six millimètres ou douze pouces six lignes.*

L'AUTEUR des Métamorphoses, l'ingénieux Ovide, raconte que Apollon, vainqueur du serpent Python, plaisanta amèrement l'Amour sur l'usage qu'il faisait de son arc. Le dieu de Gnide, dans son res-sentiment, tira deux flèches de son carquois, mais dont les blessures produisaient des résultats entièrement opposés. L'une faisait naître tous les feux de l'amour dans le cœur quelle blessait. Le pouvoir de l'autre au contraire était d'en éteindre totalement les flammes. Il lança ce dernier trait dans le sein de Daphné , et décocha l'autre dans celui d'Apollon.

Telle est la fable que l'Albane a retracée dans ce joli tableau. Apollon éperduement épris de cette Nymphe , fille , selon quelques mythologues , du fleuve Pénée , et selon d'autres du fleuve Ladon , a vainement tenté de la fléchir par la peinture de ses tourmens. Elle est restée également insensible à la douceur de ses accens comme aux charmes de sa figure. Enfin un jour, pour se dérober à ses persécutions , elle s'enfuit. Apollon la poursuit ; elle cherche à se réfugier dans les bras de son père ; et lorsque le Dieu est près de l'atteindre , elle est tout-à-coup changée en laurier.

Albane a choisi le moment où Daphné fuit Apollon. Dans sa course rapide , elle regarde avec inquiétude derrière elle. Le Dieu vole sur ses traces ; il est prêt à l'atteindre , sa tête charmante est aussi expressive qu'éloquente. Il semble lui dire : Pourquoi me fuyez - vous ? un Dieu est-il donc indigne de vous plaire ?

Dans le haut du tableau, on aperçoit l'Amour planant sur un nuage, contemplant avec une joie maline , l'effet de sa vengeance , et s'applaudissant de l'état douloureux où il a réduit son ennemi.

Composition , expression , exécution , tout est admirable , tout est parfait dans ce charmant tableau. Il serait désirable cependant que le manteau d'Apollon fût moins volumineux , et que les plis en fussent moins tourmentés ou saccadés. Mais l'habile peintre a répandu tant de grâces et de charmes sur toute cette figure, que l'on oublie facilement la draperie pour ne s'occuper que de l'expression.

Le paysage est une vaste campagne arrosée par un fleuve. Ce fleuve est le Pénée.

Ce tableau sort de l'ancienne collection des rois de France.

LA BÉNÉDICTION DE JACOB.

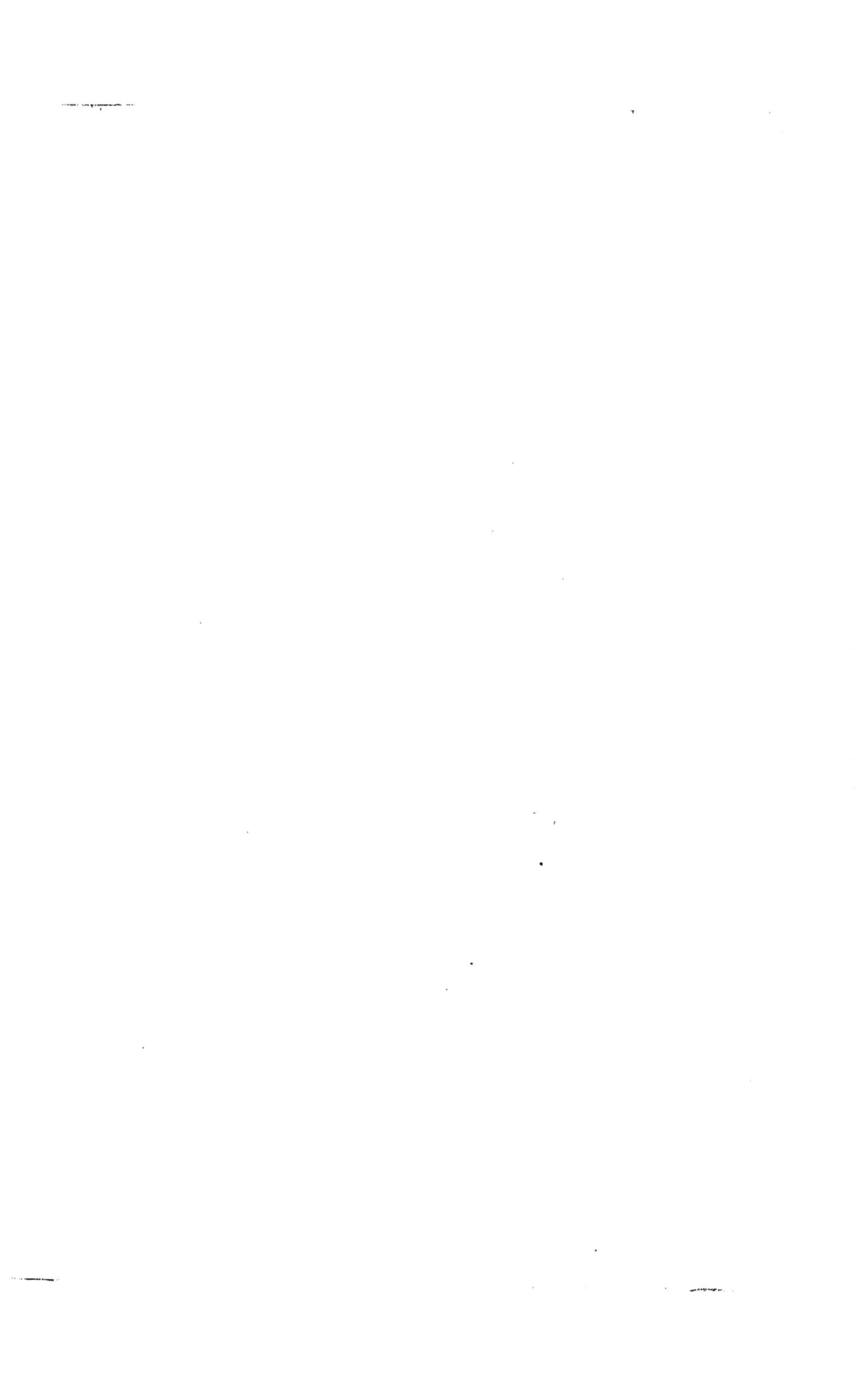

PLANCHE III.

VICTOORS (F.) florissait en 1652.

ISAAC BENISSANT JACOB; *peint sur toile ; hauteur un mètre soixante-six centimètres six millimètres ou cinq pieds ; largeur deux mètres cinq centimètres ou six pieds deux pouces.*

TOUT le monde connaît la supercherie dont usa Rebecca pour faire tomber sur Jacob, son fils, la bénédiction paternelle qu'Isaac destinait à Esaü, son fils aîné et l'objet de sa prédilection. Ces deux enfans étaient jumeaux. La seule différence que la nature eût mis entre eux, était le poil dont elle avait couvert tous les membres d'Esaü. Isaac avait, dans sa vieillesse, perdu la vue. Jacob en imitant la voix d'Esaü, pouvait tromper l'oreille de son père, mais il pouvait être décélé par le tact, et au lieu de la bénédiction qu'il désirait attirer sur lui, la malédiction paternelle eût été la punition de sa fraude. Rebecca couvrit donc les mains et les bras de Jacob de la peau d'un chevreau, et dans cet état il se présenta devant son père.

C'est cet instant que le peintre a représenté. Jacob est à genoux aux pieds du lit d'Isaac. Il a avancé ses mains, que les soupçons conçus par son père l'ont porté à vouloir toucher. « Votre voix, mon » fils, dit Isaac ; me paraît être celle de Jacob, mais ce poil que » je sens sur vos bras me fait croire que vous êtes Esaü ». La crainte que ces mots font éprouver à Rebecca, qui se tient debout au chevet du lit de son époux, lui fait faire un signe à Jacob pour qu'il ne parle plus.

Il était difficile de rendre cette scène intéressante d'une manière plus positive et plus naïve, et ce mérite très-rare suffirait seul pour assurer à ce beau tableau la réputation distinguée dont il jouit dans la collection. La cécité d'Isaac, sa décrépitude auguste et patriarchale, l'incertitude où le jettent ses soupçons, l'attention qu'il apporte à toucher les mains de Jacob, l'anxiété de Rebecca, la vérité du geste par lequel elle impose silence à son fils, tout est exprimé avec un sentiment et un naturel également admirables. Si l'on examine ensuite cet ouvrage sous le rapport de l'exécution pittoresque, on est forcé de convenir qu'il réunit à la grâce du pinceau toute la richesse du coloris de l'Ecole hollandaise.

Sans doute les hommes scrupuleux sur l'exactitude des costhumes, s'offenseront de quelques anachronismes ; ils penseront que la richesse des tapis, le faste des velours, l'usage des toiles précieuses étaient inconnus dans les siècles et la demeure des patriarches ; mais l'œil est séduit par l'exécution, il est enchanté par le brillant des couleurs, et l'imagination séduite repousse les reproches que l'érudition peut faire.

Il y a douze ans que ce beau tableau fut acquis par le Gouvernement, dans une vente faite chez M. Le Brun ; il y fut présenté sous le nom de Salomon Conning, et est encore exposé sous ce nom au Musée. Cette erreur ne peut porter aucune atteinte aux connaissances de ce célèbre amateur. Victoors était alors presque inconnu en France ; mais depuis, en confrontant le tableau que nous venons de décrire avec quelques-uns de ce maître, apportés il y a quelques années à Paris par MM. Paillet et Coclers, et d'autres encore de lui que l'on doit aux derniers triomphes de Sa Majesté l'Empereur et Roi en Allemagne, il n'est plus possible de se méprendre sur le véritable auteur de cet ouvrage, que celles de ses productions possédées aujourd'hui par le Musée, placent au rang des peintres les plus recommandables de l'École hollandaise.

PLANCHE IV.

BRILL (PAUL).

UN PAYSAGE ; *peint sur cuivre ; hauteur trente-huit centimètres huit millimètres ou un pied deux pouces ; largeur soixante centimètres trois millimètres ou un pied dix pouces.*

CE charmant paysage de Paul Brill a été enrichi de figures par Annibal Carrache.

LA composition du paysage appartient en entier au peintre flamand. Le site est agreste ; la plaine s'étend et se perd dans l'horizon. A droite sont d'énormes masses de rochers, dont les flancs présentent de vastes et sombres grottes creusées par la nature. Au pied de ces rochers coule un ruisseau ; Annibal Carrache a représenté dans ce paysage la fable de Pan et de Syrinx ; cette nymphe était fille du fleuve Ladon et

Dessiné par Brigneaux.   Gravé à l'Eau forte par De Saulx.   Terminé par Brunset.

PAYSAGE.

N.° 341. *Éco.le Flam.de*

Peinte par Leroy. *gra. par E. Bautroix.*

PORTRAIT D'UN MILITAIRE.

compagne de Diane ; elle avait de cette déesse la chasteté et le goût pour
le chasse. Pan , le dieu des forêts , la rencontra aux pieds du mont
Lycée ; sa beauté le charma ; il en devint épris ; lui déclara son amour ,
en fut repoussé , et ne put parvenir à la séduire. Pour éviter les
poursuites du dieu, Syrinx prit la fuite ; mais elle se vit arrêtée par
un fleuve qu'elle ne put traverser. Pan l'atteignit. Dans ce péril extrême
Syrinx invoqua le secours des nymphes ses compagnes et ses sœurs ;
elles l'exaucèrent , et lorsque Pan croyait la saisir , il n'embrassa que
des roseaux. Dans sa douleur il ne put abandonner les lieux où il
venait de perdre l'objet de sa tendresse. Des zéphirs cependant , en
agitant les roseaux , leur faisaient rendre des sons , et l'imagination de
Pan lui persuada qu'ils étaient sensibles à ses peines , et qu'ils répétaient
ses soupirs. Il en arracha quelques-uns , et en composa cette flûte
à sept tuyaux , qui de nos jours porte encore le nom de flûte de Pan.

Annibal Carrache a représenté l'instant où Pan est prêt à saisir
Syrinx , qui déjà s'enfonce dans les roseaux. Dans un plan plus éloigné
une jeune fille se baigne , tandis qu'un faune l'épie avec avidité. A
l'entrée des grottes on aperçoit d'autres faunes dont quelques-uns sont
occupés à allumer des feux. Toutes ces figures sont pleines d'esprit
et d'expression. Le devant du tableau est animé par quelques animaux.

De tous ceux des ouvrages de Paul Brill que nous connaissons, celui-ci
est sans contredit le plus précieux. Il est d'une exécution extrêmement soignée ; les figures en sont belles et grandes , les détails charmans , le site agréable , il rappelle ceux d'Italie , et c'est sans doute
dans cette belle contrée que le peintre l'a choisi.

Ce tableau faisait partie de l'ancienne collection des Rois de France.

PLANCHE V.

ÉCOLE HOLLANDAISE.

PORTRAIT D'UN VIEUX MILITAIRE ; *peint sur bois ; hauteur
vingt-quatre centimètres ou neuf pouces ; largeur dix-huit centimètres
six millimètres ou sept pouces.*

CE vieux soldat est représenté coiffé d'une toque qu'ombrage une
plume bleue ; il porte une écharpe de la même couleur , par-dessus
la cuirasse dont il est revêtu.

(8)

Ce tableau est d'une exécution très-précieuse ; cette raison a porté quelques amateurs à l'attribuer à Gérard Dow ; cependant après l'avoir examiné avec attention, nous pensons qu'ils sont dans l'erreur, et qu'il n'est pas de cet habile peintre. La touche en est moins facile, et moins spirituelle. Par-là cet ouvrage a plus d'analogie avec le talent de Van-Tol, qui, comme l'on sait, fut l'élève de Gérard Dow et son imitateur.

Ce tableau fait partie de la collection due aux conquêtes de 1806.

PLANCHE VI.

CUPIDON. STATUE.

LE fils de Vénus tend son arc fatal. L'effort qu'il fait l'oblige à pencher en avant la partie supérieure du corps, et à ployer les genoux et les jambes. Le statuaire l'a représenté les ailes déployées. L'idée est spirituelle ; il va lancer un de ses perfides traits, et il s'envolera.

Cette jolie statue est en marbre de Paros. M. Visconti pense qu'elle pourrait bien être une copie du célèbre Cupidon en bronze que les Thespiens durent à Lysipe, et dont parle Pausanias. L'antiquité nous en a laissé un grand nombre de répétitions.

Celle-ci a souffert des outrages du tems ; elle est assez bien restaurée, le bras droit et les jambes sont modernes ; mais toute la partie antique est de la plus grande beauté, et ne peut être que l'ouvrage d'un très-habile statuaire.

Cette statue a quatre pieds sept pouces de haut.

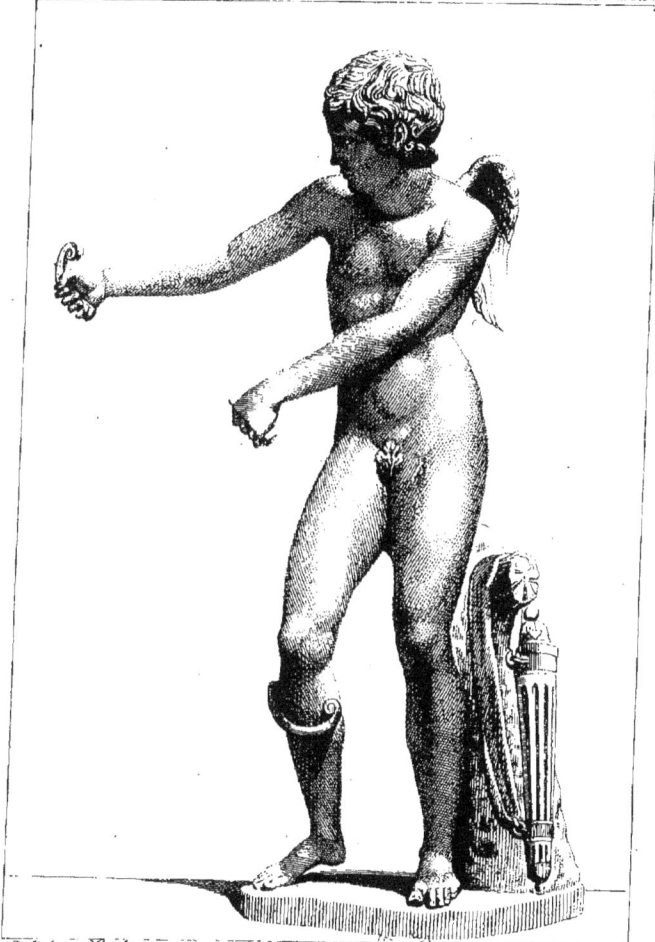

Dessiné par Pauthier.

Gravé par Bourgois.

CUPIDON.

Del.ᵗ par Boudant.   Gravé à l'Eau-forte par Quevedo.   Term.ᵉ par C. Niquet.

Sᵗ. BRUNO REÇOIT L'HABIT DE SON ORDRE.

EXAMEN
DES PLANCHES.

CINQUANTE-HUITIÈME LIVRAISON.

PLANCHE PREMIÈRE.

LE SUEUR (EUSTACHE).

SAINT BRUNO REÇOIT DE SAINT HUGUES L'HABIT MONASTIQUE ; *peint sur bois , transporté sur toile ; hauteur un mètre soixante-dix centimètres ou cinq pieds deux pouces ; largeur un mètre vingt-six centimètres ou trois pieds six pouces neuf lignes.*

LES mêmes vertus , la même piété et la même modestie, honorèrent également Saint Bruno et Saint Hugues. On n'est point surpris de l'étroite amitié qui s'établit entre ces deux hommes, célèbres dans les fastes de l'Eglise romaine.

Saint Hugues était évêque de Grenoble. Ce fut à lui que saint Bruno et ses compagnons durent la possession de cette solitude, devenue depuis si fameuse sous le nom de Chartreuse de Grenoble , et où la nature semble avoir réuni ses plus sauvages aspérités pour en faire le séjour tout-à-la-fois le plus pittoresque et le plus formidable.

Avant de conduire lui – même saint Bruno et ses frères dans cette retraite , saint Hugues leur donna l'habit de leur ordre ; et c'est cette scène religieuse que Le Sueur a représenté dans ce beau tableau , qui fait partie de la collection connue sous le nom de cloître des Chartreux, et est exposé aujourd'hui dans la galerie du palais du Sénat.

Saint Hugues en habits pontificaux et la mitre en tête , est assis et tourne le dos à un autel , simplement décoré d'un Christ et de deux chandeliers dont les cierges sont allumés. Il est assisté par deux

diacres en dalmatiques , dont l'un , vu de face , tient le bâton pastoral ,
tandis que l'autre , tourné vers l'autel , dispose les vétemens benis pour
les passer successivement à l'évêque à mesure que les religieux se
présenteront pour les recevoir de ses mains. Saint Bruno à genoux ,
est presque prosterné devant saint Hugues , qui déjà se dispose à lui
passer la coule. A ses côtés deux de ses compagnons sont à genoux
sur les marches de l'autel , et les mains jointes, les yeux baissés ,
attendent le moment de recevoir l'habit. Quelques assistans de
l'évêque remplissent le fond du tableau , où l'on aperçoit , dans une
galerie à laquelle on communique par une arcade , un chartreux qui
semble se promener , et les mains élevées vers le ciel , lui adresse de
ferventes prières.

Cette scène religieuse est pleine de majesté ; on ne peut la
contempler sans éprouver un sentiment de respect : elle inspire le
recueillement ; on croit entendre le vœu solemnel que font ces
hommes de se séparer pour jamais du commerce du monde , pour
s'ensevelir dans le fond d'un désert; et la philosophie , en méditant
sur la puissance de l'imagination , admire combien l'amour sincère de
la divinité peut fournir de courage aux ames pieuses.

Comme composition et expression, ce tableau ne laisse rien à désirer ;
il règne tant de naturel dans cette scène , qu'il est pour ainsi dire
impossible qu'elle se soit passée différemment. La vérité historique eût
seulement exigé que le célèbre Le Sueur eût donné moins d'années au
prélat , qui était plus jeune que saint Bruno , et qui dans ce tableau
paraît avoir trente ans de plus au moins.

PLANCHE II.

NAIN (LOUIS, ANTOINE et MATHIEU LE) frères , nés à Laon.
Les deux premiers morts au mois de mai 1648 , à deux jours de
distance , et le dernier en 1677.

LE MARÉCHAL FERRANT ET SA FAMILLE; *peint sur toile ;*
hauteur soixante-douze centimètres ou deux pieds deux pouces ; largeur
soixante centimètres ou un pied dix pouces.

UN Maréchal , debout devant sa forge , fait rougir un fer qu'il se
dispose à battre sur l'enclume. L'aîné de ses enfans tire la corde du

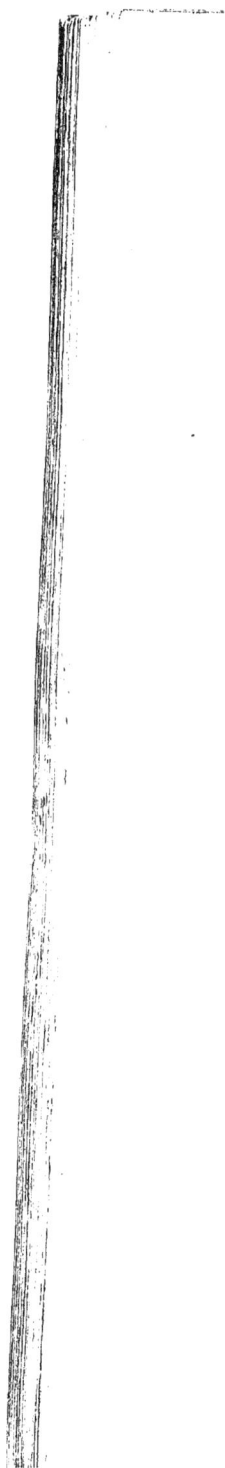

LE NAIN.

Des.é par Aub. le Roy.　　　Grav. à l'eau-forte par Queverdo.　　　Ter.é par e Mecphard, père.

LE MARÉCHAL ET SA FAMILLE.

soufflet. Le vieux père du maréchal vient de rentrer : il s'est assis
et paraît fatigué ; il tient une bouteille et un verre que l'épouse du
maréchal vient de lui apporter, et elle attend, debout, qu'il se soit
désaltéré. A ses côtés est le second des enfans ; sans doute il vient
de rentrer avec lui ; près de la forge est le plus petit de la famille,
il semble transi de froid, et cache ses petites mains sous les basques
de sa veste pour les réchauffer.

Cette scène d'intérieur, éclairée par le foyer ardent de la forge, est
d'un effet très-piquant et très-juste.

Ce joli tableau sort de la collection de M. Dangevillers, et tient
une place honorable parmi les chefs-d'œuvres de l'école française
exposés au Musée Napoléon ; c'est une des plus aimables productions
des frères Louis et Antoine le Nain. Ces habiles peintres s'exercèrent
avec succès dans tous les genres de peinture. Plusieurs églises de Paris
possédaient autrefois des tableaux de ces peintres ; mais malheureusement
la plupart ont péri lorsqu'on a voulu les restaurer, parce que ces artistes
étaient dans l'usage de peindre sur des impressions de glaises, et que
leurs couleurs peu empâtées, surtout dans leurs derniers tems, s'enle-
vaient comme si elles eussent été en détrempe.

Les trois frères le Nain furent admis à l'ancienne académie de
peinture dès la même année de sa fondation. Louis Silvestre, dans son
histoire manuscrite des peintres français, dit : « Qu'ils réussissaient dans
» les portraits et les paysages ; mais leur goût dominant, selon lui,
» les portait à traiter des sujets communs et même bas, tels que des
» cabarets, des tabagies, des mendians, etc. » Eh ! qu'importe, s'ils
excellaient dans ce genre ? le moyen le plus sûr de rendre la peinture
fastidieuse et d'accélérer la décadence de ce bel art serait de le
restreindre aux sujets sacrés ou historiques. Ce n'est pas ce me semble,
un droit au titre de grand peintre que d'avoir mis à contribution ou
les livres sacrés ou la mythologie payenne et d'avoir estropié les héros
de l'antiquité. Le seul genre à proscrire est celui qui blesse les mœurs,
tout le reste est du domaine de la peinture. Plaire par l'esprit,
charmer par le sentiment, étonner par la vérité, voilà l'important et
le nécessaire : point de systèmes exclusifs, c'est le poison des arts.
La Fontaine ne marche-t-il pas l'égal de Boileau, et le chantre de
l'Iliade cesse-t-il d'être honoré parce qu'il crayonna la Batrocomachie ?

Mathieu le Nain, comme on a pu le remarquer dans le titre de cet article, survécut vingt-neuf ans à ses frères. Le portrait du cardinal Mazarin que l'on voyait autrefois dans les salles de l'académie, était de cet artiste.

PLANCHE III.

METZU (Gabriel).

UNE DAME A LAQUELLE UN OFFICIER FAIT SERVIR DES RAFFRAICHISSEMENS ; *peint sur bois; hauteur quarante-neuf centimètres trois millimètres ou un pied dix pouces ; quarante - un centimètres trois millimètres ou un pied trois pouces.*

UNE Dame hollandaise est assise ; selon toute apparence elle vient d'entrer chez un officier qui, debout, et le chapeau à la main, la reçoit avec respect ; il a donné l'ordre à un jeune domestique de servir des raffraîchissemens à cette dame. Ce jeune homme est debout derrière elle. Il tient encore la soucoupe sur laquelle était le verre que cette dame a pris. Il ne reste qu'un citron sur la soucoupe.

A en juger par l'ajustement recherché de ce militaire, par le riche baudrier qu'il porte, par ses gants frangés que l'on voit par terre, par le bâton de commandement négligemment appuyé contre une chaise, par la beauté des tapis et la décoration fastueuse de l'appartement, ce ne peut être qu'un officier d'un grade très-élevé. La pose de la dame est également noble et décente ; cependant à une sorte de désordre qui règne dans ses habits et sur-tout à la coiffe dont sa tête est couverte, et qu'elle a relevée pour parler à l'officier, il est présumable que c'est une femme sortie à la dérobée de chez elle, et qui cherche un asile. Toutes ces diverses circonstances font présumer que ce célèbre artiste a représenté ici une scène historique. Mais quels en sont les personnages? C'est ce que l'on ignore. Il ne s'agit point à coup sûr d'un rendez-vous de galanterie. L'expression qu'il a donné aux personnages écarte totalement cette idée. Cette dame a l'air plutôt suppliant que timide. Il règne sur sa physionomie une sorte de mélancolie que des chagrins profonds ont fait naître. La figure de l'officier est pleine de respect et d'attendrissement. Il semble pour ainsi dire plus pénétré qu'elle de la démarche qu'elle vient de faire. Sans doute en consultant les évènemens du tems où Metzu a peint ce tableau, il serait possible de saisir quelque anecdote à laquelle on pourrait l'appliquer ;

UN MILITAIRE FAISANT SERVIR DES RAFRAICHISSEMENS.

J. VAN - HUYSUM.

PAYSAGE.

mais enfin ce ne serait jamais que procéder par conjectures, et le sujet resterait toujours douteux.

Mais qu'importe le sujet, quand il s'agit de juger cette production sous le rapport de l'art? En ne la considérant que comme une scène familière, en est-il une au Musée Napoléon, en est-il une même dans aucun des cabinets de l'Europe, qui lui soit supérieure sous le rapport des convenances, de la dignité et de l'exécution? Il faut vraiment étudier ce beau tableau pour concevoir jusqu'à quel point cette école flamande est admirable, non-seulement pour la partie pittoresque, mais encore pour celle du sentiment et de l'expression. Ici rien n'est à désirer, et soit que l'on considère cet ouvrage comme représentant une dame implorant une grace du gouverneur d'une ville, ou, poussée par l'infortune, venant solliciter l'assistance d'un grand, ou guidée enfin par tout autre motif dont la source serait dans un cœur profondément affecté, on voit qu'il faut absolument qu'elle obtienne ou justice ou protection.

Le Musée possède un grand nombre d'ouvrages admirables de ce grand peintre; mais celui-ci est à coup sûr le plus recommandable de tous. Que de leçons les peintres de scènes familières peuvent y puiser! C'est là qu'ils apprendront qu'on peut être précieux sans sécheresse, noble sans affectation ni roideur, et sentimental enfin sans afféterie ni grimace.

Ce tableau faisait partie de l'ancienne collection des rois de France.

PLANCHE IV.

HUYSUM (JEAN VAN).

UN PAYSAGE; *peint sur toile; hauteur cinquante-quatre centimètres six millimètres ou un pied huit pouces; largeur soixante-six centimètres six millimètres ou deux pieds.*

DANS un vaste et riant paysage, qu'enrichissent encore d'élégantes fabriques et de somptueux monumens, Van Huysum a représenté des jeunes filles occupées à cueillir des fleurs, dont elles forment des guirlandes qu'elles se proposent d'appendre à un tombeau. Une d'entr'elles semble expliquer à ses compagnes le motif du culte religieux et funèbre qu'elles rendent aux cendres déposées dans cette tombe. Sans doute les dépouilles mortelles qui reposent dans ce monument sont depuis long-tems révérées par les habitans de ces contrées; car l'on reconnaît qu'il a déjà ressenti les outrages des siècles ; et l'élévation des arbres qui l'ombragent prouve aussi-bien que sa dégradation, qu'il y a déjà long-tems qu'il a été érigé.

Sur un plan plus reculé, on aperçoit les colonnes d'un portique ruiné, et plus loin encore un palais construit sur les bords d'un lac parsemé de jolies îles agréablement boisées, et couronnées par de hautes montagnes.

Ce charmant paysage, que l'on doit à un peintre si célèbre par sa manière de peindre les fleurs, suffirait pour lui assurer une place distinguée dans la classe des habiles paysagistes. Il est difficile sans doute de composer avec plus de grâces et de peindre avec plus de charmes ; mais notre impartialité accoutumée veut que nous disions que malgré ces deux qualités que nous admirons, malgré cette exécution précieuse, cet ouvrage laisse quelque chose à désirer. Nous convenons que ce site est enchanteur, nous convenons qu'il rappelle l'une des plus gracieuses idylles de Théocrite ; mais on voudrait que l'ensemble eût plus d'effet. Quand on le confronte avec la nature, on voit que cette dernière procède par masses plus imposantes. Dans cet ouvrage tout est également trop bien. Il faut dans la peinture, comme dans la poésie, éviter cette monotonie de beautés, si je puis m'exprimer ainsi ; il faut ou étonner par une idée grande ou nouvelle, il faut frapper par des parties fermes ou vigoureuses, il faut plaire par des vues aimables et gracieuses mais bien détachées. Van Huysum a fait un délicieux tableau, mais il manque d'effet, et quelque recommandable que soit cet ouvrage, il ne sera jamais un de ceux que dans la galerie le jeune élève viendra copier pour s'instruire, ni du nombre de ceux que l'on citera comme modèles.

PLANCHE V.

CHAMPAIGNE (PHILIPPE DE).

PORTRAIT D'ARNAULD D'ANDILLY, l'un des Solitaires de Port-Royal ; *peint sur toile ; hauteur quatre-vingt-dix centimètres ou deux pieds trois pouces six lignes ; largeur soixante-onze centimètres ou deux pieds deux pouces six lignes.*

LA piété de Philippe de Champaigne, la douceur et la pureté de ses mœurs, les agrémens de son esprit, le rendirent cher aux hommes

PH. DE CHAMPAIGNE.

N.° 347.

Ecole Franç.se

Dess.é par Joh. le Roy.   Grá.é à l'eau f.te par Bourvais.   Term.é par Dague.

PORTRAIT D'ARNAUD D'ANDILLY.

MINERVE.   SERAPIS.

recommandables qui vivaient dans la retraite de Port-Royal, et que leurs vertus ne mirent point à l'abri des persécutions de ceux mêmes qui dans le fond du cœur portaient envie à la paix dont ils jouissaient, et contre laquelle ils eussent bien volontiers peut-être troquer le poids et l'ennui des grandeurs. Arnauld d'Andilly, l'un des meilleurs écrivains du dix-septième siècle, l'aîné de deux frères non moins illustres que lui par leurs grands talens, Arnauld d'Andilly, que Balzac a si bien peint en disant : qu'il ne rougissait point des vertus chrétiennes, et ne tirait point vanité des vertus morales, Arnauld se retira à cinquante-cinq ans dans cette solitude, où il vécut jusqu'à l'âge de quatre-vingt-six ans, après avoir joui d'un grand crédit à la cour, dont il n'usa que pour soulager les malheureux. Dans le monde, il avait protégé les talens de Champaigne; dans la retraite, il lui continua son amitié. Il n'est donc pas étonnant que la reconnaissance ait guidé le pinceau de l'artiste et lui ait inspiré un chef-d'œuvre.

On peut en effet qualifier ainsi ce superbe portrait. Il est rare d'en rencontrer un qui réunisse à une aussi grande vérité, une exécution aussi parfaite. Cette tête respire : le caractère que l'histoire donne à cet illustre vieillard est empreint sur cette figure. Cette main est le *nec plus ultra* de l'art du dessin. Tout dans ce portrait est d'une naïveté, d'une simplicité et d'une noblesse remarquables.

Le Musée ne possède que depuis peu de tems ce bel ouvrage. C'est une acquisition que le gouvernement a faite récemment.

PLANCHE VI.

SERAPIS. — MINERVE. — BUSTES COLOSSEAUX.

SAINT AUGUSTIN rapporte que du tems des patriarches Jacob et Joseph, Apis, roi des Argiens, aborda avec sa flotte en Egypte, qu'il y mourut, et qu'il fut établi le plus grand Dieu des Egyptiens, sous le nom de Serapis. Saint Augustin ajoute, que si son nom d'Apis fut changé en celui de Serapis, c'est que le tombeau ou sarcophage s'appelait en grec *Soròs*, et que les honneurs divins décernés à *Apis* lui ayant été rendus sur son tombeau avant qu'on lui eût érigé un temple, on unit par conséquent les deux mots *Soròs* et *Apis*, dont on composa le nom de *Sorapis*, qui depuis, par l'altération de la lettre *o* en *e*, fit celui de *Serapis*, qui subsiste encore.

(8)

C'est donc ici le Jupiter des Egyptiens. On le trouve quelquefois avec les trois noms Jupiter, Soleil, Serapis. Quelquefois aussi *Zeus* (Dieu de la vie) est associé avec celui de *Serapis*. Il est aussi Pluton quand on le représente accompagné de Cerbère.

On pourrait dire que dans le buste colossal que nous présentons ici, il est tout-à-la-fois Jupiter, Soleil et Pluton. Jupiter par les traits qui sont presque tous semblables à ceux que lui prêtaient les Grecs ; Soleil par les rayons dont il est couronné, et le *modius* ou *calathus* qu'il porte sur la tête, symbole de l'abondance que l'on doit au Soleil ; et Pluton enfin par la barbe et la manière dont les cheveux sont rabattus sur le front. Le plus ancien des temples de Serapis était à Memphis, et le plus riche à Canope.

Les rayons en bronze doré que l'on voit aujourd'hui autour de la tête sont modernes ; mais il est indubitable que dans l'antiquité il y en avait de semblables, puisque les trous dans lesquels les modernes sont encastrés sont antiques, et qu'ils avaient été pratiqués pour cet usage dans le diadème dont la tête est ceinte.

Ce buste colossal a été trouvé à Colombaro, à trois lieues de Rome, sur la voie Appia, dans la même fouille où fut découverte la belle statue du Discobole en repos, que nous avons décrite ailleurs. On croit que l'empereur Gallien eut une maison de campagne en cet endroit. Ce Serapis sort du Muséum du Vatican.

L'autre buste colossal représente Minerve. Elle est coiffée d'un casque et armée de l'égide. L'épaule droite est plus élevée que la gauche ; on présume que c'est pour signifier que cette déesse est ordinairement appuyée sur une pique. Ce buste est un des plus beaux que possède le Muséum. La sévérité et la noblesse du style en sont admirables. Il a perdu cependant la haute réputation dont il jouissait à la Villa Albani, depuis l'arrivée en France de la célèbre Pallas de Velletri, dont il n'est qu'une répétition.

Ce buste est de marbre dit pentélique. Il fut découvert il y a trente-cinq ans sur le territoire de Tusculum, maintenant Frascati, là où était jadis la maison de campagne de Licinius Murena.

Pl. 349.   VAN DER WERFF.   Ecol.e Flam.de

Def. par S. Le Roy.   Gra. à l'eau-forte p.t Platesigner.   Terminé par Pigeot.

LA MORT D'ABEL.

EXAMEN
DES PLANCHES.

PLANCHE PREMIÈRE.

WANDERVERFF (ADRIEN).

LA MORT D'ABEL ; *peint sur bois ; hauteur quarante - huit centimètres ou dix-huit pouces ; largeur trente-quatre centimètres ou douze pouces six lignes.*

L'ON a assez justement reproché à cet habile peintre un peu de roideur dans ses figures, un fini trop précieux et par conséquent contraire à la vérité, une sorte de manière lisse et léchée qui donne à ses tableaux un ton d'ivoire opposé à celui de la nature. Ces observations, nous les avons déjà faites ailleurs, et nous ne les rappelons ici que parce que le tableau que nous allons décrire est plus exempt de ces taches qu'aucun autre de ses compositions. Il est présumable qu'en y travaillant, il a cédé aux conseils de quelques amis éclairés. Ordinairement il les écoutait peu. Comblé des dons de l'électeur Palatin, favorisé trop jeune par la fortune ; enivré de ses succès et orgueilleux du prix énorme qu'il vit mettre de son vivant à ses tableaux, il se crut au-dessus de la critique. Rien n'est plus funeste à la gloire d'un artiste que de devenir l'idole de la mode, et l'objet de l'engouement public. Alors il oublie l'intérêt et le progrès des arts, pour sacrifier sans cesse à la manie du jour et à la fureur passagère que l'on a de l'encenser. Il est rare que la génération suivante partage ce même délire, et l'artiste est alors jugé avec tous ses défauts.

Ce tableau de la Mort d'Abel est donc l'un des plus recommandables
de Wanderverff. Il est devenu surtout célèbre par la gravure de Por-
porati, et plus encore par l'inscription composée par J. J. Rousseau
pour mettre au bas de cette gravure, et regardée généralement comme
un chef-d'œuvre par sa concision et sa simplicité sublime.

Prima mors, primi parentes, primus luctus.

La description du tableau réside en entier dans ces six mots.
Vainement oserait-on essayer d'y ajouter quelque chose. Le sens de
cette inscription est si juste, sa précision, son exactitude, sont tels
qu'on supposerait qu'elle a servi de programme au peintre, si l'on n'avait
la certitude qu'elle est postérieure d'un demi-siècle à l'exécution du
tableau.

L'artiste a bien médité son sujet, et donné à ses figures l'expression
convenable tout-à-la-fois à la nature et à l'histoire. La douleur d'Adam
est concentrée. Il unit bien au sentiment paternel l'étonnement profond que lui inspire le premier spectacle de la destruction, et le sombre
effroi de cette condition de mort à laquelle sa défection aux ordres
de l'Eternel a soumis, jusqu'à la fin des siècles, la race dont il est
le père. La douleur d'Eve est plus expansive, c'est celle d'une femme
qui ne voit que la perte qu'elle vient de faire, ne s'occupe ni du
passé ni de l'avenir, et semble par ses regards accuser le ciel de sa
rigueur et lui demander justice. Le peintre a sagement éloigné le
fratricide de l'œil du spectateur. Sa présence révolterait. Le site est
local, sa stérilité est historique, son aspect aride et sauvage convient
à la scène dont il est le théâtre; l'on voit que l'âpreté de ces monts
doit plaire à Caïn, et que c'est dans la sombre horreur de leurs antres
qu'il aura fui l'approche de ses parens, mais non pas les remords, ni
la vengeance céleste.

Ce sujet appartient à la poésie comme à la peinture. Qui ne connaît
le poëme où M. Legouvé a puisé sa première tragédie? La panto-
mime théâtrale à laquelle les acteurs tragiques d'aujourd'hui attachent
peut-être un peu trop d'importance, a copié quelquefois ce tableau.
On se rappelle que M.lle Raucour et M. Vanhove, chargés des rôles
principaux dans la tragédie de M. Legouvé, affectaient de se grouper
autour du corps d'Abel, comme Vanderverff les a groupés lui-même.
Je ne déciderai pas si ces sortes d'imitations sont heureuses, et s'il ne

Des. par Plonski.   Gravé à l'eau fte par Chataignier.   Terminé par Heina.

UNE DAME A SA TOILETTE.

serait pas plus convenable à l'art scénique de chercher les situations plutôt dans la nature que dans un tableau. Quoiqu'il en soit, la première fois que ces acteurs en usèrent ainsi, le parterre se rappela l'inscription de J. J. Rousseau, et elle fut répétée à haute voix.

Ce tableau reconnu pour l'un des plus beaux de son auteur, comme nous l'avons déjà remarqué plus haut, sort de la galerie de Turin.

PLANCHE II.

THERBURG (GÉRARD).

UNE JEUNE DAME A SA TOILETTE ; *peint sur toile ; hauteur soixante-six centimètres six millimètres ou deux pieds ; largeur cinquante-six centimètres trois millimètres ou un pied huit pouces six lignes.*

VOICI encore un peintre que la richesse et les honneurs vinrent chercher de bonne heure. Formé par son père, instruit par un séjour assez long en Italie, recherché pour ses portraits, il gagna beaucoup d'argent, et se fit remarquer par sa magnificence au congrès de Munster. Le tableau où il représenta tous les ministres présens à ce congrès, et qui est en ce moment à Paris, passe pour son chef-d'œuvre. Le roi d'Espagne l'appela à sa cour, et le créa chevalier. Cette faveur le mit à la mode ; il devint le peintre de toutes les dames. Malheureusement les agrémens de sa figure et de son esprit alarmèrent la jalousie des espagnols. Il fut obligé de partir ; il revint dans sa patrie, fut élevé à la place de Bourgmestre à Dewinter, et la géra dignement sans renoncer aux arts.

Il réussissait parfaitement à rendre les étoffes, et surtout le satin blanc. Ce genre de soierie que l'on retrouve dans tous ses tableaux, est pour ainsi dire sa signature. La dame qu'il a représenté dans celui-ci en est également habillée. Il est incontestable que c'est un portrait, mais on ignore le nom du personnage. Cette dame est debout dans un appartement richement décoré, et proche d'une table couverte d'un superbe tapis. Elle termine sa toilette. Elle passe à ses doigts des bagues qu'elle vient de tirer de son écrain, tandis que sa femme-de-chambre achève de lacer son corset. Un page superbement vêtu lui présente une glace, dans laquelle on l'aperçoit de profil. Un petit chien anime encore cette scène d'intérieur, et essaie de sauter sur un siège.

L'on reconnaît dans ce tableau toute la grâce et tout le précieux du pinceau de cet habile artiste. M. Watelet, dans son Dictionnaire des Arts, a traité ce peintre avec une sévérité un peu trop voisine peut-être de l'injustice. « On ne trouve, dit-il, dans ses petits tableaux » si précieux aux amateurs, ni esprit, ni expression, ni mouvement, » ni invention, ni composition ; et le choix de la nature y est fort com- » mun. » Il est je crois permis d'appeler de ce jugement ; et le tableau que nous venons de décrire suffirait pour en démontrer la partialité. Cette femme n'est point à coup sûr dépourvue de noblesse. Les deux personnages secondaires ont bien la nature convenable à leur emploi, et elle n'est point ignoble. La composition en est sage. L'invention n'est point dénuée d'esprit, et assurément c'est une idée ingénieuse d'avoir présenté dans cette glace le profil d'une figure vue de face, et d'avoir ainsi multiplié les moyens de ressemblance.

PLANCHE III.

OSTADE (ADRIEN VAN).

JOUEURS ET FUMEURS ; *peint sur bois ; hauteur vingt-sept centimètres cinq millimètres ou dix pouces trois lignes ; largeur vingt-trois centimètres ou huit pouces huit lignes.*

DANS une chambre hollandaise, éclairée par une fenêtre dont les vitraux sont gothiques, deux villageois jouent aux cartes. A côté d'eux et debout, une servante de cet estaminet tenant un vase, et prête à sortir pour aller chercher à boire pour ces joueurs, s'est arrêtée un moment pour connaître la décision du coup commencé.

Sur le devant, un troisième villageois assis devant une escabelle sur laquelle est un pot à bierre, tient une chaufferette de terre, et se dispose à allumer sa pipe aux charbons qu'elle contient. Il semble adresser la parole ou répondre à quelqu'un qui serait supposé près de lui.

Il règne beaucoup de vérité dans l'expression de ces personnages. Il est à regretter que la couleur de ce tableau, qui ne manque pas de finesse, tire un peu trop sur le verdâtre.

Peint par P. Ouvrier.　　　Gravé à l'eau forte par Levasseur.　　　Terminé par Massard ainé.

BUVEURS ET FUMEUR.

HALTE DE CHASSEURS.

PLANCHE IV.

WOUWERMANS (PHILIPPE).

HALTE DE CHASSEURS; *peint sur toile; hauteur trente-trois centimètres trois millimètres ou un pied ; largeur trente-huit centim. cinq millimètres ou un pied deux pouces.*

SI, dans un article précédent, nous nous sommes permis quelques réflexions sur les obstacles que les progrès des arts peuvent éprouver de la richesse prématurée que les artistes peuvent obtenir, nous gémirons également ici des inconvéniens attachés à la pauvreté, qui trop souvent vient en accabler quelques autres. Tous n'ont pas un talent semblable à celui de Wouwermans, ni assez de force de caractère pour que leurs travaux ne se ressentent pas de la précipitation avec laquelle ils travaillent pour vivre. Pendant la vie de ce grand peintre, ses productions se vendaient déjà très-cher ; mais la cupidité des marchands avait établi une ligue entre eux pour lui dérober la connaissance du prix que les amateurs attachaient à ses tableaux ; et, grace à l'injuste avarice de ces marchands, jamais secret ne fut mieux gardé. Wouwermans ne fut instruit de cette supercherie que vers la fin de sa vie, et il n'était plus tems pour lui de profiter de la bonne fortune dont jouissaient depuis long-tems ses ouvrages.

Il travailla donc beaucoup, et cependant on ne s'aperçut point de sa précipitation, avantage peu commun, comme je le remarquais tout à l'heure. Jean Wynants, peintre habile, lui montra l'art de la peinture ; et la nature, qu'il consulta plus encore, l'instruisit dans l'art de plaire. « Ses sujets les plus ordinaires, dit Descamps, étaient des Chasses,
» des Marchés aux Chevaux, des Attaques de Cavalerie, etc. Plusieurs
» de ses paysages sont simplement composés ; d'autres sont enrichis
» d'architecture. Là, c'est une façade de château; ici, c'est une fontaine;
» partout c'est une variété toujours nouvelle ; aucun peintre ne l'a surpassé dans l'art du dessin en ce genre. Sa couleur est excellente.
» Il avait la magie d'adoucir sans ôter la force. Il est gras et pâteux.
» Des touches fermes, mais pleines de finesse, l'ont rendu impossible
» à deviner. Il régne dans ses tableaux beaucoup d'harmonie et d'en-

» d'entente du clair obscur. Ses compositions sont larges, et la
» division de ses plans imperceptible ; ses lointains et ses ciels, ses
» arbres et ses plantes, tout est une imitation exacte de la nature.
» On remarque que ses premiers ouvrages, avec le même *flou* et la
» même vapeur, n'avaient pas tant d'intelligence ; les oppositions étaient
» trop crues ; une masse claire se trouvait subitement opposée à une
» masse d'ombres. » (Descamps, doué d'un jugement sain, aurait dû
remarquer que cela devait être ainsi, par ce que ce n'est que
lentement que la nature permet de pénétrer dans ses secerts et n'en
accorde la connaissance qu'à l'étude longue et opiniâtre). « Il a,
» ajoute cet écrivain, mieux ménagé dans la suite les passages de
» la lumière, et insensiblement l'œil passe d'un ton à l'autre sans
» s'en apercevoir. »

J'ai rapporté avec d'autant plus de raison ces éloges donnés par
Descamps au beau talent de cet habile paysagiste, qu'ils s'appliquent
tous sans restriction au charmant tableau que nous publions. L'effet
en est aussi piquant que vrai ; le dessin en est correct, la couleur en
est aimable ; la composition en est simple et juste, le site en est
parfaitement choisi et convenable à la scène ; c'est le rendez-vous que
des chasseurs se sont donné pour se reposer. Ceux que l'on voit sont
les premiers arrivés, ils en attendent d'autres. Ce cheval qui hennit
est la manière ingénieuse que le peintre a employé pour exprimer sa
pensée. L'un de ses chasseurs a mis pied à terre, et son cheval
fatigué et affamé cherche déjà à paître avant qu'on l'ait débarrassé de
sa bride. Deux chiens altérés ont couru vers le ruisseau que l'on
aperçoit sur le premier plan, tandis que d'autres de ces animaux plus
obéissans ou plus timides n'osent s'écarter encore des piqueurs qui
les conduisent et les débarrassent de leur laisse. La vérité de ces mouvemens divers est exquise. Ces énormes et antiques chênes, et ces gothiques
débris d'un vieux château féodal annoncent bien l'entrée d'une forêt.

Le Musée possède plusieurs tableaux capitaux de ce grand maître,
et celui-ci n'est pas le moins précieux. Il réunit cette noblesse dans
l'expression que l'on retrouve dans tous les ouvrages de Wouwermans,
et qui n'était pas commune dans l'école hollandaise, si féconde néanmoins en talens supérieurs.

REMBRANDT.

No. 353.   Ecol.te Flam.de

Dessiné par S. le Roy.   Gravé par Oortman.

PORTRAIT DE REMBRANDT.

Des.ᵉ par Gauthier.   Grá.ᵉ à l'air-forte par Quéverdo.   Term.ᵉ par Villerey.

FAUNE CHASSEUR.

PLANCHE V.

REMBRANDT (VAN RHIN).

PORTRAIT DE L'AUTEUR ; *peint sur toile ; hauteur soixante-onze centimètres huit millimètres ou deux pieds deux pouces ; largeur cinquante-sept centimètres trois millimètres ou un pied neuf pouces.*

Ce grand peintre jouissait de toute la plénitude de son beau talent, lorsqu'il s'est représenté dans ce portrait. Il y paraît dans la force de l'âge. Il est vu ici de trois quarts. Sa tête est coiffée d'une toque noire. Il a le col nud. Le collet de sa chemise déborde celui de sa robe, et se rabat négligemment par-dessus. Cette robe est noire, et sans boutons. Le seul ornement qu'il ait ajouté à un costume aussi simple, est une chaîne d'or qu'il porte en sautoir, et à laquelle est attaché un fort gros diamant qui pend sur sa poitrine.

Ce portrait d'une vigueur extraordinaire et d'un coloris que l'on peut dire brûlant, réunit à ces deux rares qualités, celle non moins précieuse d'être modelé avec une extrême perfection.

Ce bel ouvrage fait partie de l'exposition de la conquête de 1806.

PLANCHE VI.

FAUNE CHASSEUR.

BAS-RELIEF.

Ce beau bas-relief, morceau aussi rare que précieux par la noblesse du style et par la science et la facilité de l'exécution, sort de la *Villa Albani*. L'on ne dit point dans quel lieu ni dans quel tems il fut découvert. Il n'est point du nombre des bas-reliefs qui décoraient les tombeaux ; et cette circonstance, selon l'opinion de Visconti, ajoute encore à sa rareté. Peut-être décora-t-il le temple que l'on érigea à Rome sur le mont Cœlius, en l'honneur de Faunus, fils de Mars et petit-fils de Saturne, que la fable suppose avoir apporté dans l'Italie, sur laquelle il régna , la connaissance des Dieux et l'art de l'agriculture. Elle veut également qu'il ait été l'aïeul de cette race de demi-dieux connus sous le nom de Faunes.

Celui-ci est représenté assis sur un rocher. Une peau de lion passée sur une de ses épaules , tombe avec grâce sur ses reins , et par-devant lui couvre la cuisse gauche. Il se joue avec une panthère à laquelle il présente un lièvre , fruit sans doute de sa chasse. La panthère voudrait s'élancer pour le dévorer ; mais le malin Faune s'est saisi de l'une de ses pattes , et l'empêche de se satisfaire. La chlamyde et les armes du Faune sont suspendues à une colonne ou stèle carrée que l'on aperçoit dans le fond , près d'un pin , arbre consacré chez les anciens à ces dieux rustiques.

Quoique les poètes aient souvent prêté aux Faunes des cuisses et des jambes de bouc , on en trouve quelquefois dans les monumens avec la forme entièrement humaine , telle qu'on la voit ici. Dans les antiquités de Montfaucon , l'on en trouve un de ce genre gravé et décrit. Il est vêtu d'une peau de tigre , et tient le bâton pastoral.

Ce bas-relief a de haut un mètre quatre-vingts centimètres ou cinq pieds cinq pouces , sur un mètre seize centimètres ou trois pieds six pouces de large.

Pl. 355.   JULES ROMAIN.   Ecole Ital.

Peint par J. Le Roy.   Gravé par Réhault.

LA VIERGE L'ENFANT JESUS ET St JEAN.

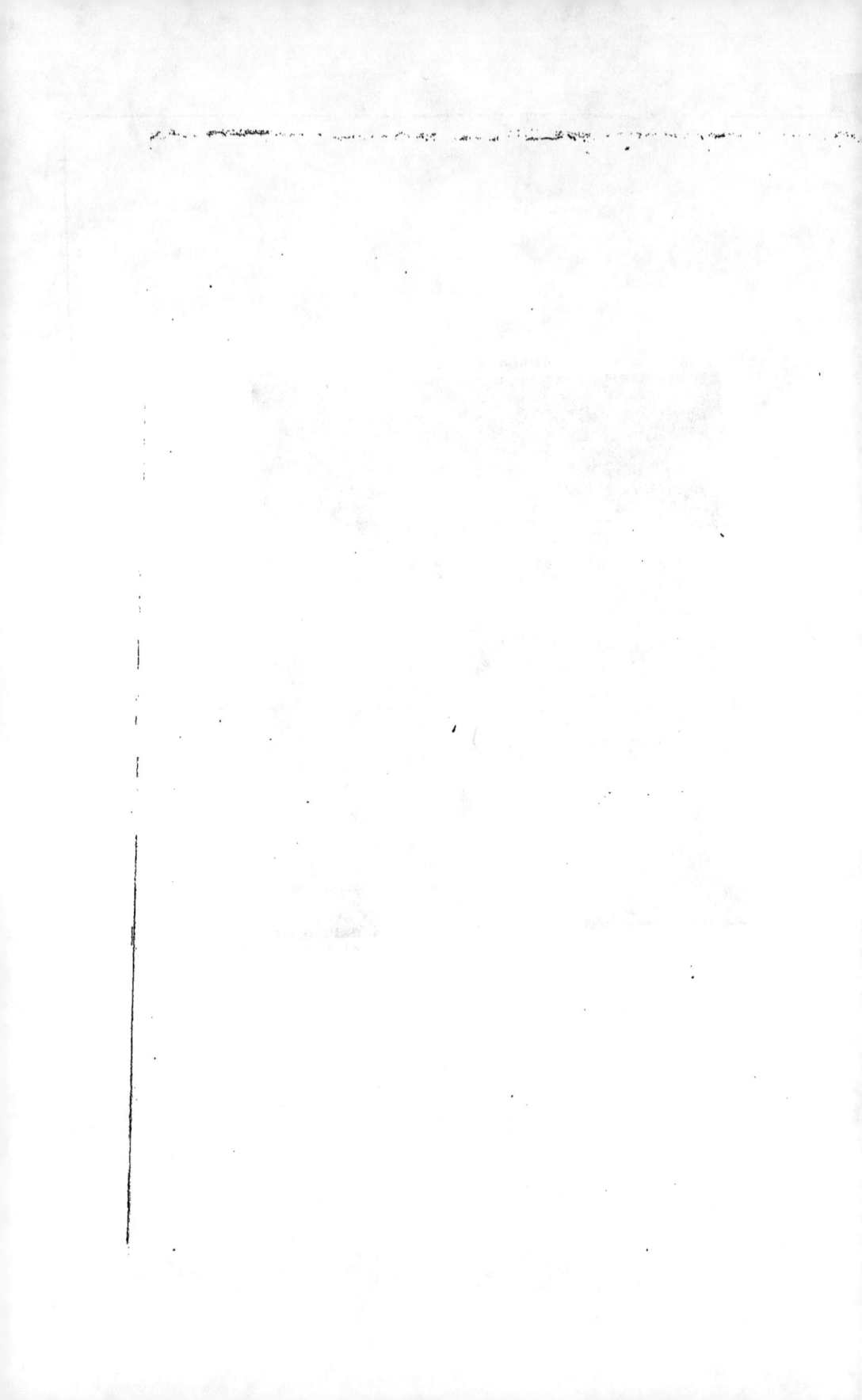

EXAMEN
DES PLANCHES.

PLANCHE PREMIÈRE.

JULES ROMAIN.

LA VIERGE , L'ENFANT JÉSUS ET SAINT JEAN ; *peint sur bois ; hauteur vingt-huit centimètres ou dix pouces six lignes ; largeur vingt-cinq centimètres ou neuf pouces six lignes.*

LA Vierge est assise ; elle tient entre ses bras l'Enfant Jésus. Derrière le siège de la Vierge l'on voit le petit Saint Jean-Baptiste debout. D'une main il semble montrer l'Enfant Jésus ; de l'autre, il tient une croix autour de laquelle est enlacée une banderolle portant ces mots : ECCE AGNUS DEI. Son corps est entièrement nud ; une peau de mouton simplement drapée sur son épaule droite , tombe en écharpe , et vient se nouer négligemment sur la hanche gauche.

Ces trois pesonnages ont également les yeux fixés du côté des spectateurs, ce qui prouve que ce petit tableau fut composé pour un oratoire, et destiné à être placé au-dessus de quelque prie-dieu. La Vierge et son fils ont l'air de recevoir les hommages de ceux qui sont prosternés à leurs pieds , et de prêter l'oreille à leurs prières, tandis que le petit Saint Jean, pour inspirer plus de ferveur encore aux fidèles , semble leur répéter ces mots : ECCE AGNUS DEI , que l'on lit sur la banderolle.

Au soin que Jules Romain a mis dans l'exécution de ce tableau, on reconnaît tout le talent de ce grand maître, mais non pas assurément cette grâce d'expression et cette douceur de sentiment que l'on devrait retrouver dans le premier et l'un des plus célèbres élèves de Raphaël. Il le composa certainement après la mort de ce grand homme ; c'est-à-dire lorsque dégagé de l'espèce de contrainte où le retenaient la présence et les préceptes de son maître, et son respect pour sa manière, dont il n'osa s'écarter tant qu'il vécut, il s'abandonna plus librement à son penchant, qui le portait plutôt vers la fierté que vers la grâce et la légèreté, et s'éloigna insensiblement du style Raphaélesque, pour se rapprocher de la sévérité de Michel-Ange, plus conforme à ses goûts et à sa nature. On sait d'ailleurs qu'il consultait peu la nature, et que son talent se composait bien plus d'une longue habitude au travail, que de l'observation et de l'étude de la vérité.

En effet, est-ce bien là l'expression que devraient avoir les personnages de ce tableau? Est-ce là le caractère que Raphaël, Léonard de Vinci, le Corrège, ont imprimé à leurs têtes de Vierges et à leurs aimables enfans? On voit bien que l'intention de Jules Romain a été de donner de la dignité à la Mère de Dieu, et d'inspirer au spectateur un juste sentiment de respect pour elle. Mais dans cette gravité je cherche en vain cette candeur virginale, cette pieuse aménité, cette bonté touchante qui seront son partage éternel. En vain sera-t-elle qualifiée de *Refugium peccatorum*, si ce front sévère glace ma confiance et se refuse aux épanchemens d'une ame repentante. Ce tableau m'offre un homme consommé dans l'art de la peinture, mais étranger au sentiment de la nature et à la vérité historique ; et Jules Romain qui si souvent ailleurs s'est montré grand poète, me semble avoir ici manqué totalement de poésie.

Quoiqu'il en soit, ce petit tableau jouit d'une grande estime. Je soupçonne que l'auteur l'exécuta pour le cardinal de Gonzague, frère de Frédéric, qui l'employa à des travaux considérables.

L'ÉPICIÈRE DE VILLAGE.

PLANCHE II.

DOW (GÉRARD).

L'EPICIÈRE DE VILLAGE; *peint sur bois ; hauteur trente-huit centimètres six millimètres ou quatorze pouces ; largeur vingt-neuf centimètres cinq millimètres ou onze pouces.*

Ce tableau peut être considéré comme l'un des plus parfaits de cet habile peintre.

Une marchande épicière, vêtue modestement, mais d'une manière qui annonce l'aisance, debout dans sa boutique, et tenant en main des balances, se dispose à peser quelque denrée que vient acheter une jeune fille placée devant le comptoir, et à laquelle la marchande semble demander : *pour combien ?* Cette jeune servante a le bras gauche passé dans l'anse de l'un de ces sortes de seaux faits d'un bois léger, dont on se sert dans le Brabant et en Hollande pour aller au marché. Le linge dans lequel elle doit envelopper les provisions qu'elle compte acheter est déployé et retombe sur les bords du seau. Derrière elle on aperçoit un jeune garçon ; il porte avec précaution un vase plein de liqueur qu'il tient à deux mains, et semble attendre que sa compagne soit servie pour s'en aller avec elle ; sa vue est attentivement fixée vers la fenêtre, au travers de laquelle on aperçoit cette scène d'intérieur. Sur le devant, une vieille femme assise compte des pièces de monnaie qu'elle tire d'un sac ; c'est peut-être la mère de l'épicière qui dispose d'avance un payement à faire ; cependant, à l'air profondément réfléchi de cette vieille, à la manière dont les pièces sont étendues sur le comptoir, et à l'index de la main gauche dont elle use pour les compter, il est possible qu'elle s'occupe d'une de ces règles de calcul que les gens de la campagne, soit dans la Belgique, soit en Hollande, sont dans l'usage de faire avec des jetons lorsqu'ils ne savent point écrire.

Sur l'appui de la croisée, des légumes de diverses espèces sont jetés au hasard près de l'un de ces grands vases de terre de grès émaillés en bleu, qui servent dans ces contrées à contenir soit de l'huile, soit du *schenik,* soit toute autre liqueur ; un jambon, des bottes d'oignons, des chandelles, un panier d'osier contenant des œufs, sont suspendus, soit aux poutres du plafond, soit au cintre de la fenêtre. La boutique est garnie de tablettes, sur lesquelles on aperçoit des fromages, des boîtes, des vases, des bocaux, des barils et autres ustensiles convenables au commerce de l'épicerie ; et l'habile peintre qui semble n'avoir voulu oublier aucun des détails de ce genre, n'a pas négligé même de placer au-dessus du comptoir, le rouleau de bois autour duquel on met les ficelles dont on se sert pour nouer les paquets dans lesquels on renferme les objets que les acheteurs emportent.

Il est impossible d'exprimer avec plus de naïveté une semblable scène, et plus difficile encore de décrire avec quel charme et quelle vérité Gérard Dow l'a rendue ; l'exécution en est admirable ; c'est la nature même, et telle est la précieuse qualité que l'on retrouve dans toutes les productions de ce peintre inimitable. Ce tableau charmant, qui depuis nombre d'années est en France, a paru plusieurs fois dans les ventes publiques ; il n'est jamais descendu au-dessous de 17,000 fr., et a successivement décoré les plus riches cabinets de Paris.

PLANCHE III.

TENIERS (DAVID).

L'ALCHIMISTE ; *peint sur bois ; hauteur vingt-sept centimètres ou dix pouces ; largeur trente-sept centimètres ou treize pouces six lignes.*

ENTOURÉ de fourneaux, de cornues, d'alambics, de vases de tout genre et de vieux bouquins, un alchimiste, un livre à la main, compose une mixtion qu'il pile dans un creuset placé devant lui sur une table couverte d'un tapis, et surchargée de drogues renfermées dans des flacons, des boîtes et des sacs de toutes grandeurs. La petite balance dont on aperçoit un des bassins, ne laisse aucun doute sur l'objet dont il s'occupe. Il s'est retourné dans l'intention sans doute de demander à son garçon de laboratoire, si le fourneau est suffisamment allumé. En effet, ce jeune homme à genoux devant le foyer de ce

D. TENIERS.

L'ALCHIMISTE DANS SON LABORATOIRE.

fourneau, arrange le charbon, et s'apprête à l'animer avec le soufflet
qu'il tient dans sa main gauche.

On ne peut pas trop décider quel motif inspira à Teniers de placer
sur la table de cet alchimiste, cet horloge de sable. Si c'est une idée
philosophique que le peintre a voulu exprimer, il l'a fait d'une manière ingénieuse. Placer un instrument qui rappelle sans cesse la
rapidité du tems, et combien l'on doit en être avare, sous les yeux
de l'homme qui le consume dans la recherche la plus frivole de toutes
celles dont a pu s'occuper l'esprit humain, c'est donner la plus sage
de toutes les leçons.

En décrivant, il y a quelque tems, un tableau consacré au même
sujet, j'ai remarqué combien il fallait plaindre les hommes que la
folie de la pierre philosophale avait tourmentés, mais qu'il ne fallait
cependant en parler qu'avec une sorte de reconnaissance, puisque ce
sont aux découvertes que le hasard leur a fait faire que l'on a dû
les premiers élans de la chimie moderne. Ainsi, une science utile est
née d'une science chimérique. Tel est le bienfait des lumières, que
si l'on est forcé de reconnaître beaucoup d'analogie entre les procédés de
l'une et de l'autre science, du moins la dernière, si elle n'est pas toujours
heureuse dans ses essais, n'a toute fois en vue que de faire tourner
les secrets qu'elle découvre au soulagement des maux de l'humanité,
et à la perfection des arts qui soulagent la vie, tandis
que l'autre ne travaillait que pour multiplier un métal dont la possession
est peut-être plus favorable aux vices qu'aux jouissances, ou pour
procurer à l'homme une immortalité ou une longevité physique que
toutes les lois de la nature lui refusent. La ligne de démarcation entre
les espérances de l'alchimiste ancien et des chimistes modernes n'est
peut-être pas assez célébrée. C'est pourtant un des points les plus
remarquables de l'histoire morale des progrès de l'esprit humain.

Ce tableau ne peut être placé parmi les belles productions du célèbre
Teniers. On ne peut rien reprocher sans doute à la composition, mais
tout annonce que c'est un ouvrage de sa vieillesse. Il manque de cette
légèreté de touche, de ce ton argenté, de cette transparence de couleur
que l'on admire dans ses autres tableaux. Il sort de la galerie du
stathouder.

6

PLANCHE IV.

ROOS (JEAN HENRY), né à Otterberg, dans le Palatinat,
en 1631, mort en 1685.

PAYSAGE ET ANIMAUX; *peint sur toile; hauteur trente-huit
centimètres huit millimètres ou quatorze pouces; largeur quarante-
quatre centimètres ou seize pouces.*

DANS un paysage montueux, ce peintre a représenté un pâtre et
sa femme gardant leurs bestiaux. Le pâtre est couché par terre près
d'une source, qui jaillit d'un rocher et tombe dans deux bassins. Il
joue avec son chien. Sa femme est debout derrière lui, et tient dans
ses bras un enfant que les mouvemens du chien semble amuser. Près
d'eux une vache et des brebis couchées se reposent et ruminent,
tandis qu'au pied du rocher, une autre vache, une chèvre et des
moutons se désaltèrent dans une source.

Plusieurs artistes du nom de Roos sont connus et cités dans les
arts. L'ouvrage que nous venons de décrire est du plus ancien des
peintres de ce nom; celui de tous dont les tableaux sont les plus
estimés. Il faut convenir cependant que son talent est loin encore de
celui des habiles paysagistes hollandais et flamands.

On lui reproche en général de l'exagération dans ses compositions,
peu de transparence et un ton de couleur roussâtre; et si quelque
chose a pu lui assigner un rang parmi les peintres, et faire admettre
ses tableaux dans les cabinets des amateurs, c'est la pureté de dessin
que l'on remarque dans ses figures.

J. H. ROOS.

Des.t par Grégorius.   Grav.t à l'eau-forte par Chataigner.   Term.t par Bovinet.

PAYSAGE.

RAPHAEL.

LE COMTE CASTIGLIONE.

PLANCHE V.

RAPHAEL (D'URBIN).

PORTRAIT DE BALTHASAR CASTIGLIONI; *peint sur bois et transporté sur toile ; hauteur quatre-vingts centimètres ou deux pieds cinq pouces ; largeur soixante-douze centim. six millim. ou deux pieds deux pouces trois lignes.*

Ce grand peintre a, dans ce portrait, pour l'exécution duquel il semble avoir développé tout son talent, représenté l'un de ses plus chers et plus illustres amis.

Castiglioni ou Castelione, et non pas *Castiglione* comme l'écrit l'Epicié, naquit à Mantoue en 1478. Poète ingénieux, brillant et sensible, il parvint de bonne heure à la faveur du duc d'Urbin, et fut ambassadeur de ce prince près de Henri VIII, roi d'Angleterre. Ce fut là l'origine de sa fortune et de ses honneurs. Il charma par ses talens ce monarque si fameux, et en reçut l'ordre de la Jarretière. Son esprit et les grandeurs ne le mirent pas à l'abri des infortunes, j'entends de celles que l'on supporte le plus difficilement, parce qu'elles intéressent le cœur. Il perdit, au bout de quatre ans de mariage, la plus belle et la plus aimée des femmes, Hippolyte Torella, dont l'amabilité, les vertus et le génie étaient encore supérieurs à ses charmes. Léon X. et Clément VII tentèrent de le consoler, et l'accablèrent de dignités. L'un lui offrit le chapeau de cardinal, l'autre le nomma son ambassadeur près de Charles-Quint, dont il fit aussi la conquête. Pour le fixer en Espagne, il le nomma à l'évêché d'Avila. La mort le surprit à l'âge de cinquante-deux ans à Tolède, et cet homme que ses qualités firent si justement rechercher, fut pleuré par tous les souverains qu'il avait approchés. Le tems n'a rien diminué du mérite du plus célèbre de ses ouvrages, intitulé : *Il Cortegiano*. Il a été traduit en français et dans plusieurs autres langues, et conserve encore en Italie l'épithète de LIVRE D'OR. Scaliger place ses poésies à côté de celles de Virgile pour le style, et de Lucain pour les pensées. Ce fut enfin un homme digne de ce beau siècle des Médicis, qu'a tant illustré de son côté le grand peintre à qui nous devons ici la parfaite ressemblance de ce grand poète.

Il fallait que Castiglioni fût jeune encore lorsque ce portrait fut exécuté, puisque sa femme vivait, et qu'elle a dû voir ce portrait, comme le prouve une élégie, dans laquelle le poète, en la faisant parler, lui fait dire qu'il est si ressemblant que ses enfans le saluent croyant saluer leur père, et qu'il est son unique consolation pendant son absence.

Castiglioni est ici vêtu d'une fourure, ajustée avec la grâce particulière à Raphaël. La tête coiffée d'une toque que l'Epicié traite de singulière, mais qui lui sied à merveille. Cette tête, d'un grand caractère, est pleine de feu et de vie.

Ce portrait a été anciennement gravé à Amsterdam, lorsqu'il était dans le cabinet d'un amateur nommé Lopez, qui probablement l'avait acheté à la vente de Charles I.er, roi d'Angleterre, à qui il avait appartenu. Cette gravure fut exécutée par Regnier Persyn, sous la direction de Sandrart. Il fut ensuite gravé par Nicolas Edelinck; et dans ces derniers tems il l'a été par John Godefroi, pour la Calcographie du Musée Napoléon.

PLANCHE VI.

THALIE. — STATUE.

LE statuaire à qui l'on doit cette statue antique, l'a ornée de tous les attributs capables de faire reconnoître la Muse qu'il a voulu représenter. Il l'a couronnée de lierre, et lui a donné le *tympanum*, parce que dans l'origine elle présidait aux jeux bachiques du théâtre. Elle tient le bâton pastoral, parce qu'elle inspire la poésie géorgique; enfin, on voit à ses côtés le masque comique qui plus particulièrement encore indique Thalie. Elle est assise et vêtue d'un large manteau, qui lui enveloppe le bas du corps. Elle est chaussée de sandales à semelles épaisses, semblables à celles que les sculpteurs donnaient dans l'antiquité à Melpomène.

Ainsi que les autres Muses que nous avons précédemment décrites elle a été trouvée à Tivoli, dans les ruines de la maison de *Cassius*.

Pl. 263. Statue en Marbre.

THALIE.

JULES ROMAIN.

Ce ne serait acquitter qu'en partie ce que la reconnaissance des Arts doit à Raphaël, si l'on négligeait de parler des hommes qui se formèrent sous lui. Ses élèves furent nombreux, mais tous n'eurent pas les mêmes droits à la célébrité. En terminant cette notice , que je consacre plus spécialement à celui d'entr'eux qu'il honora le plus de son amitié, de ses conseils et de sa confiance , j'en rappellerai sommairement quelques autres , dont la renommée ne fut point indigne d'une aussi grande école , et dont les ouvrages encore existans peuvent être consultés avec fruit par les artistes actuels.

Le véritable nom de Jules Romain était Giulio Pippi. On ne connaît point sa famille ; et peu importe à sa gloire , que ses parens aient vécu dans l'obscurité. Né à Rome en 1492, il n'avait que neuf ans de moins que son maître , et cette différence d'âge n'était pas assez grande pour empêcher l'amitié de les unir étroitement. Aussi l'on ne vit jamais régner entre l'élève et le maître cette contrainte que le respect commande au jeune homme pour le professeur blanchi dans l'exercice de son Art.

Nous avons dit dans notre notice sur Raphaël, que Jules Romain travaillant presque toujours d'après

*

les dessins de ce grand homme , esquissa un grand nombre de tableaux que le maître terminait ensuite ; il arrivait delà, que si Jules Romain ne composait rien d'après lui-même, il ne s'écartait jamais du moins des préceptes et des exemples de son ami , qui , pour l'intérêt de sa propre gloire , retenait toujours le génie de l'élève dans de justes bornes. On conçoit facilement d'après cela, que si la nature eût accordé de plus longs jours à Raphaël, Jules Romain ne fût peut-être point arrivé à une aussi haute réputation que celle dont il a joui ; mais que sans doute il eût été moins exposé aux reproches sévères que lui adressa la critique, lorsqu'il vola de ses propres ailes.

CETTE critique , en convenant que Jules Romain avait une tête fortement organisée , un génie élevé et capable de grandes conceptions, lui reproche de la manière dans certaines parties du dessin , de la dureté dans celles où il déploya de la correction , un coloris faux , des chairs trop rouges , des demiteintes trop noires , des draperies roides et sans effet, et sur-tout l'oubli constant de l'étude de la nature , et une fougue inconsidérée dans ses compositions. Mais si ces reproches sont fondés , n'est-il pas juste aussi de rappeler toutes les belles qualités qui le rendent admirable dans d'autres parties. Quel peintre eut jamais une fécondité aussi prodigieuse ? Quelle vaste érudition ! quelle connaissance profonde de l'histoire, de la mythologie des anciens, des fables de tous les tems ! quelle science du raccourci ! quelle habileté dans la perspective ! quel *grandiose* dans les sujets héroïques ou terribles ou gigantesques.

O n s'étonnera sans doute qu'un élève de Raphaël ait si peu sacrifié à la grâce et à ce beau idéal, tant étudié et si bien trouvé par son maître ; tellement que si l'on mettait certaines productions de Jules Romain sous les yeux de quelque connaisseur, en supposant par impossible qu'il n'eût jamais entendu parler de ce peintre, et qu'on lui demandât lequel ou de l'auteur de ces ouvrages ou de Raphaël est antérieur à l'autre, il ne balancerait pas à prononcer que Raphaël est le plus moderne des deux. Pour expliquer cette énigme, il faut se reporter au siècle où Jules Romain vivait. Raphaël et Michel-Ange étaient contemporains. Personne n'ignore l'extrème différence que la nature, les opinions dans les Arts et le goût, établirent entre ces deux hommes extraordinaires ; et le lecteur en jugera mieux encore dans la suite, quand je traiterai de Michel-Ange. Ils tinrent, à la même époque, le sceptre de la peinture en Italie, l'un à Rome, l'autre à Florence. Mais Michel-Ange le garda bien plus long-tems, et le ciel ne fit pour ainsi dire que montrer Raphaël à la terre. Or on conçoit facilement que si le hasard conduisit

dans l'école de Raphaël un élève dont la tête fût
susceptible de cette exagération à laquelle Michel-
Ange n'était point étranger, on conçoit, dis-je, facilement que lorsque cet élève n'eut plus à ses côtés son
maître pour le retenir dans de justes bornes, il arriva
nécessairement que s'il ne secoua pas en entier le joug
des conseils qu'il en avait reçus, il dût au moins lui tomber dans l'esprit d'essayer à concilier ensemble la manière des deux hommes qui se partageaient l'empire ;
et que si l'amour du gigantesque et de l'extraordinaire était la passion dominante de cet élève, il dût
s'éloigner de la belle simplicité de l'un, sans s'élever
toutefois à la sublimité de l'autre, parce qu'il n'osa
pas imiter en entier celui-ci, dans la crainte de passer
pour ingrat envers la mémoire de celui-là. Or, de
l'amalgame inconsidéré de préceptes incohérens, il
ne dut résulter que des productions belles sans doute
dans quelques parties, mais vicieuses dans beaucoup
d'autres, où l'on ne retrouvait ni le charme indicible de Sanzio, ni la sévère correction de Buonarotti.
Telle est en deux mots l'histoire du talent de Jules
Romain, et la source de ses erreurs.

Il a néanmoins mérité les éloges des plus célèbres
écrivains, et des grands maîtres de l'Art. Lanzi le
considère comme un des plus illustres successeurs
de Raphaël, qu'il imita, dit-il, beaucoup plus par
la force des caractères que par la délicatesse. Il

fut admirable dans la représentation des faits d'armes, qu'il rend avec autant d'érudition que d'esprit. Grand dessinateur, selon lui, il fut en cette partie le rival de Michel Ange, et posséda si bien la connaissance de la charpente du corps humain, qu'il en disposait et l'arrangeait à son gré, sans craindre de se tromper jamais; à cela près, ajoute-t-il, que pour donner plus de relief à ses effigies, il leur prêtait quelquefois des mouvemens exagérés. Vasari admire davantage ses conceptions que son pinceau, c'est-à-dire, que son exécution. Il lui paraît que cette grande chaleur dont il était animé quand il confiait ses premières pensées à la toile, se refroidissait insensiblement lorsqu'il s'agissait de les exécuter. Quelques autres écrivains lui reprochent, comme je l'ai déjà remarqué, la dureté des figures et la noire opacité de ses demi-teintes. Mais le Poussin prend sa défense à cet égard; et choisissant pour exemple la bataille de Constantin-le-Grand, avance que cette dureté de teintes convient au caractère de fierté que le peintre doit donner à de semblables sujets : il avoue cependant qu'elle ne fait pas un si bon effet dans les sujets religieux, tels que des tableaux de vierge, de saints ou d'autres représentations semblables. Mengs nous paraît être le plus sévère de ses censeurs; il prétend qu'à la froideur et à la dureté, Jules Romain joignait un pinceau timide, lisse et léché; qu'il n'approcha jamais de la noblesse et de l'expres-

*

sion de Raphaël, quelque fût son application à les
imiter, et qu'en général toutes ses figures sont
affectées et théâtrales. Il nous semble que cet arrêt
est bien rigoureux.

Jules Romain a fait peu de tableaux de chevalet.
Ses plus importans ouvrages sont à fresque ; et c'est
à Mantoue qu'il faut aller chercher ses chef-d'œuvres.
Il s'était fixé dans cette ville, où la protection du
duc l'avait appelé, et où ses bienfaits l'avaient retenu. Après la mort de Raphaël il s'éloigna deux
fois de Rome. L'indifférence du pape Adrien VI
pour les beaux-arts fut la cause de sa première
absence. Le motif de la seconde est moins honorable pour sa mémoire. L'Arétin écrivit, Jules
Romain dessina, et Marc-Antoine grava cet ouvrage
trop fameux, dont l'immoralité les accuse encore.
Ces trois grands noms réunis n'ont point garanti
cette œuvre licencieuse de l'opprobre qu'elle méritait.
Le sort de cet ouvrage fait honneur à l'espèce humaine ; il prouve que le respect pour les mœurs
l'emporte sur le respect que l'on doit aux talens. La
condescendance de Jules Romain aux vœux de
l'Arétin a laissé sur la vie de cet artiste une tache
indélébile. C'est un hommage rendu à la dignité
des arts ; et puisse cet exemple n'être jamais perdu
pour ceux qui les professent !

Jules Romain avait associé à l'étude de la peinture celle de l'architecture civile et militaire, et s'était acquis à juste titre une haute réputation dans cette dernière. Ce fut à lui que le duc de Mantoue dut les dessins du palais du T, ainsi nommé parce qu'il ressemble à cette lettre de l'alphabet ; et Jules en fut tout-à-la-fois l'architecte et le peintre. C'est sous ce dernier point de vue que nous le considérerons ici, pour ne pas sortir des limites et de l'objet de notre ouvrage.

CE fut dans la décoration intérieure de ce palais qu'il déploya toute la grandeur de son génie poétique. L'Assemblée des Dieux, le char d'Apollon, celui de l'Aurore, et quelques autres tableaux de la galerie ducale, ont constamment appelé l'attention des voyageurs. On cite comme une chose admirable le plafond de l'Aurore ; le feu, la vigueur, l'action des quatre chevaux, vus en dessous, sont d'un effet vraiment magique, et la figure du Soleil est également belle. Cependant quand le premier enthousiasme qu'inspire la vue des belles et nombreuses figures dont cette galerie est ornée est refroidi, et que l'on examine ces tableaux avec plus de calme, on y retrouve encore plusieurs des défauts reprochés à ce peintre. La manière est large, ferme et hardie ; les têtes ont en général un grand caractère ; les figures sont d'un beau choix de nature, et de belles formes ; mais les incorrections du dessin sont fréquentes ; les groupes sont mal dessinés et mal agencés : à côté de têtes fort belles , on en trouve qui ne sont point ensemble. Il y a plus de grandeur dans les pensées que d'habileté à les exprimer. Les compositions sont trop chargées , et néanmoins elles manquent de variété : en général la couleur est fausse et mauvaise.

MAIS peut-être parmi les tableaux dont ce palais est enrichi , celui où Jules Romain s'est surpassé lui-même , est la belle fresque où il a représenté la chûte des Géans. Les figures en ont entre quinze et seize pieds de proportion. Dans le haut , on aperçoit Jupiter sur son trône entouré de tous les Dieux. Ici toutes les têtes ont un grand caractère , les groupes sont bien sentis et bien entendus ; les raccourcis sont savans ; les mouvemens vigoureux , un peu outrés , peut-être ; mais le sujet l'exige , ou tout au moins le fait excuser : malheureusement les lumières sont mal distribuées , et là , comme ailleurs , Jules Romain pêche par la couleur.

TANT de travaux et la protection du prince rendirent le séjour de Mantoue si agréable à Jules Romain , qu'il résolut de s'y fixer, qu'il s'y fit construire pour lui-même une maison magnifique , et que cette ville devint pour lui comme une seconde patrie. Ce grand peintre appartient sans contredit à l'école romaine , quoique les historiens s'accordent en général à placer

son nom à la tête de celle de Mantoue : mais , comme
le remarque judicieusement Lanzi , il tient à la première par héritage , et la seconde le reclame comme
fondateur : et il est certain que , sous le double titre
d'architecte et de peintre , les Arts lui durent non
pas précisément leur naissance , mais leur splendeur
et leur illustration dans cette ville. Forcé , comme je
l'ai dit plus haut , de s'éloigner de Rome pour avoir
prêté ses crayons aux œuvres de l'Arétin , le hazard
voulut que dans cette circonstance critique , un ancien
ami de Raphaël , Baldasar Castiglione déterminât
Frédéric , duc de Mantoue , à le nommer son ingénieur
et son peintre. A cette époque , les fréquentes inon-
dations du Mincio étaient fatales à cette ville , et nui-
saient à la solidité des Edifices. Ces Edifices d'ailleurs
étaient en général mal construits , mal conçus , d'un
mauvais goût , et leur architecture , ou médiocre ou
ridicule , ne répondait pas à la dignité d'une capitale , ni aux vœux du Prince qui la gouvernait , et
dont le sentiment exquis dans les Arts , le portait à
rendre son séjour habituel l'un des plus magnifiques
de l'Italie. Cet état de choses ouvrit le champ le plus
vaste au génie et aux talens de Jules Romain. Il y fut
donc l'architecte d'une foule de palais , de ces maisons
superbes que les Italiens désignent en général par
le nom de *Villa* , de temples , de portiques , etc. ;
et ce dont l'histoire des Arts n'avait point encore
offert d'exemple , il peignit et orna lui-même la plus

grande partie des Édifices qu'il avait érigés. Son
exemple enflamma les esprits ; de nombreux élèves
se rassemblèrent autour de lui, et ce fut là l'origine
de cette Ecole fameuse , qui pendant de longues
années fit tant d'honnenr à Mantoue et à la Lombardie.

Au reste, peu d'écoles restèrent plus fidèlement
attachées aux principes de leurs maîtres, que l'école
de Mantoue. Aucun des élèves de Jules Romain ne
s'écarta du genre, du goût et de la manière de ce
grand homme , et n'y mêla ceux des maîtres des
autres contrées de l'Italie , comme cela est souvent
arrivé ailleurs , ainsi que le remarque l'abbé Lanzi.
Les plus célèbres de ses élèves , parmi lesquels il
ne faut pas oublier le Primatice , dont nous aurons
occasion de parler ailleurs , furent Benedetto di
Pagni de Pescia, qui ayant commencé à se former
à Rome , accompagna Jules à Mantoue , et dont
on admire le Saint Laurent dans l'église de Saint-
André ; Rinaldo de Mantoue , qui travailla au palais
du T , mourut à la fleur de l'âge , et fut le plus
grand peintre de cette ville , à en croire Vasari :
Fermo Guisoni qui exécuta à la cathédrale la Vo-
cation de Saint Pierre et de Saint André , d'après
l'un des plus beaux cartons sortis des mains de Jules
Romain : Teodoro Ghigi , grand dessinateur , et si
consommé dans la manière de son maître , qu'il ter-

mina après sa mort plusieurs ouvrages qu'il avait
commencés pour le service du prince : Baptiste et
Dominico Bertani frères, l'un et l'autre peintres recommandables, grands architectes et savans écrivains
dans leur art. Car ce ne fut pas seulement en peinture que Jules forma de dignes élèves, mais encore
dans plusieurs autres arts, à l'instar de Raphaël ; mais
ce qui paraîtra plus extraordinaire, c'est que ce soit
dans cette école, dont toutes les productions avaient
quelque chose de grand, de gigantesque même, que
se soit formé l'un des plus fameux peintres en miniature de ce tems, je veux dire Giulio Clovio,
chanoine régulier, et depuis rentré dans le monde
d'après une dispense du pape. Il s'était d'abord attaché
aux grands sujets ; mais Jules Romain qui reconnut
en lui un talent supérieur pour les petites figures,
voulut qu'il ne s'occupât entièrement que de ce genre.
On sait qu'à cette époque l'art de la miniature s'ap-
pliquait sur-tout aux livres d'église. Une grande partie
des ouvrages de Clovio parut composée pour des
souverains et pour des princes, dans les bibliothèques
desquels on trouve encore plusieurs livres peints par
lui, et dont les figures sont d'une vérité, d'un esprit,
et d'une finesse incroyables. Vasari cite les miniatures
d'un office de la Vierge, peintes pour le cardinal Farnesi, et dont la proportion des figures est moindre
que celle de la plus petite fourmi, sans que cela nuise
à l'exactitude de leurs formes, et empêche d'en dis-

tinguer toutes les parties. Il cite encore ses peintures
représentant la procession de la Fête-Dieu à Rome ,
et de la fête du mont Testaceo , remarquables par
les innombrables figures qu'il y a placées ; ouvrage
qui lui coûta neuf ans de travail.

MAINTENANT revenons à l'école de Raphaël , que
le respect si bien dû à la mémoire da Jules Romain
nous a fait perdre un moment de vue. L'on nous eût
reproché sans doute d'avoir , en parlant de Jules ,
négligé de rappeler les services qu'il rendit à l'art en
fondant cette école de Mantoue qu'illustra , comme
on vient de le voir , tant d'artistes recommandables.

JULES Romain ne fut pas le seul des élèves de
Raphaël dont le nom mérita de passer à la postérité ;
j'en vais citer rapidement plusieurs autres dont les
travaux ont immortalisé cette école fameuse , et que
j'ai promis de faire connaître à mes lecteurs en com-
mençant ce chapitre. Les deux premiers qui se présentent naturellement à ma mémoire , après Jules
Romain , sont Perin del Vaga et Jean da Udine.

PERINO del Vaga , dont le véritable nom était
Pierino Buonacorsi , était cousin et compatriote des
deux Penni , Luca et Gianfrancesco , également élèves
de Raphaël , et dont le premier travailla avec Périn
del Vaga à Lucques et dans d'autres villes d'Italie ,

suivit le Rosso en France, et enfin passa en Angleterre où il fut peintre du roi, et laissa beaucoup de
dessins. Périn del Vaga eut beaucoup de part aux
ouvrages du Vatican. Vasari le considère comme le
plus grand dessinateur que l'art ait possédé après
Michel-Ange, et le plus habile de tous les hommes
que Raphaël admit à l'honneur de le seconder. Il
est certain du moins qu'il est le seul que l'on puisse
raisonnablement comparer à Jules Romain dans la
possession de toutes les connaissances enseignées par
leur maître. On peut le prouver par les divers sujets
tirés du nouveau Testament, qu'il exécuta dans le
palais du Pape, et par son tableau de la Naissance
d'Eve, que l'on voit dans l'église de San-Marcello à
Rome. Les historiens trouvent que sa manière par-
ticipe beaucoup de celle de l'école Florentine. L'on
voit, dans un couvent de Tivoli, un Saint-Jean dans
le désert, de ce peintre, dont le paysage est admirable; mais les villes les plus riches de ses productions, sont Lucques, Pise et surtout Gênes.

C E peintre fut un de ces êtres que la nature semble
jetter quelquefois au hazard sur la terre, comme si
elle voulait prouver que l'homme peut au besoin se
passer de secours, se créer et se suffire à lui-même.
Fils d'un soldat, privé à deux mois de sa mère, que
la peste lui ravit, il eut une chèvre pour nourrice,
et fut dans son enfance accueilli par commisération

*

chez un épicier droguiste et marchand de couleurs;
il dut à cette circonstance ses premiers rapports avec
les peintres, l'avantage de pénétrer dans leurs ate-
liers, et de sentir, à l'aspect de leurs travaux, naître
la première étincelle du talent qu'il devait avoir un
jour. Quelques-uns se plurent à donner des leçons
à cet enfant ; le Ghirlandaio, qui compte Michel-Ange
parmi ses élèves, ne dédaigna point de l'admettre
dans son école ; ce fut-là qu'il contracta cette manière
Florentine dont nous parlions tout-à-l'heure, et que
l'on remarque dans toutes ses productions. Enfin,
le Vaga, peintre peu connu, le conduisit à Rome ; et
ce fut de la protection de cet artiste obscur, qu'il a
retenu ce surnom del Vaga qu'il a su rendre célèbre,
et qui, dans l'histoire des peintres, a prévalu sur
son nom véritable.

A Rome, il se fit aimer de Jules Romain et du
Fattore, dont je parlerai plus loin, et ce fut à leur
recommandation que Raphaël l'admit dans son école,
et lui confia l'exécution de plusieurs travaux dans
lesquels il daigna le diriger lui-même, tels entr'autres
aux loges du Vatican, que le *Sta sol*, la Nativité,
le Baptême et la Cêne, le Passage du Jourdain, la
Chûte des murs de Jéricho, etc. Indépendamment
de son tableau de la Naissance d'Eve, que l'on voit
à Rome dans l'église de San-Marcello, et que j'ai
cité tout-à-l'heure, il en exécuta d'autres où il ne

fut guidé que par son propre génie, dans les églises
de la Minerve , de Saint - Ambroise et de San
Stefano rotondo.

Ce peintre célèbre n'a point laissé une mémoire
sans reproche. Il eut la ridicule faiblesse d'être jaloux du Titien, que le Pape Paul III avait appelé à
Rome pour y peindre quelques portraits ; et ce qui
est bien plus condamnable encore , la bassesse de
lui susciter des persécutions, et de l'obliger par-là
à s'éloigner promptement de cette capitale du monde
chrétien. La vérité veut cependant que nous disions
ici que nous puisons ce fait dans l'ouvrage de
M. Watelet, et que nous trouvons peu de traces
de cette jalousie prétendue dans ceux des historiens
italiens que nous avons lus.

Jean da Udine , dont le surnom désigne assez le
lieu de sa naissance, était comme on le voit Véni-
tien , puisqu'Udine est une ville du Frioul , dépen-
dant alors de la république de Venise. Né avec le
sentiment de l'imitation, cet enfant, fils d'un chasseur,
se plaisait à dessiner les animaux que son père rapportait de la chasse. Le Giorgione le reçut dans
son école, et ce fut-là qu'il apprit à être coloriste.
Le nom de Raphaël parvint à ses oreilles , et le
désir de voir ce grand peintre lui fit abandonner sa
patrie. Ce fut à cet enthousiasme qu'il dut d'être reçu

dans son école. Raphaël, dont le jugement était exquis, connut bientôt que Jean da Udine ne serait
jamais qu'un faible peintre d'histoire, mais que la
nature l'avait destiné à exceller dans la peinture du
paysage, des quadrupèdes, des oiseaux, des fruits,
des fleurs et en général de tout ce qui tient à l'ornement; et ce fut à ces parties diverses, que Raphaël
l'employa dans la décoration des loges du Vatican.
Son art était également admirable pour rendre les
étoffes et les draperies de tous les genres. On en
rapporte pour preuve, qu'un palefrenier cherchant un
tapis dont il avait besoin pour je ne sais quel service
du pape, fut pour détendre un morceau d'étoffe
peint par Jean da Udine, et ne s'aperçut de son
erreur qu'en touchant le tableau. Mais ces sortes de
surprises que le vulgaire admire, sont appréciées
par les artistes, comme le remarque M. Lévêque, et
ne constituent point le véritable talent. Après le sac
de Rome, il voyagea en Italie et se fit connaître des
diverses écoles; dans sa vieillesse il revint à Rome,
où il mourut âgé de soixante-dix ans, laissant après
lui la réputation de n'avoir point été surpassé dans
le dessin des ornemens, dans la légèreté des formes
et dans la grace de l'exécution.

LE Fattore, que nous devons naturellement placer
après ces deux hommes célèbres, fut le second des
deux Penni dont nous avons parlé plus haut. Il était

de Florence , et se nommait Gianfrancesco Penni.
Il retint toute sa vie le surnom du *Fattore*, parce
que dans son enfance il avait été commissionnaire
dans l'atelier de Raphaël. Journellement en relation
avec les peintres, cette circonstance hâta le dévelop-
pement de ses dispositions naturelles. Il parvint à
être l'un des plus habiles exécuteurs des dessins de
Sanzio , et fut un de ceux qui lui aidèrent le plus
dans ses vastes travaux. Le Taja lui attribue les sujets
d'Abraham et d'Isaac , qui faisaient partie des décoration des loges du Vatican. Parmi les ouvrages
commencés par Raphaël, et qui furent terminés après
sa mort, beaucoup de connaisseurs veulent que l'As-
somption de Monte Luci , à Pérouse , soit due en
partie au Fattore. Les Apôtres que l'on voit dans la
partie inférieure sont de Jules Romain, mais la partie
supérieure, où l'on admire un charme et une grâce
toutes *Rafaëlesques*, appartient, selon eux, au Fattore. Vasari veut cependant qu'elle soit due à Périn
del Vaga. Malheureusement toutes les peintures à
fresque que le Fattore exécuta à Rome ont péri. Ses
autres tableaux sont devenus d'une extrême rareté ,
et l'on n'en retrouve que bien peu dans les diverses
collections de l'Europe. Sa réputation repose donc
entièrement sur ce qu'en ont dit les historiens, qui
lui accordent généralement une grande facilité à concevoir, une grâce infinie dans l'exécution , et un talent
particulier pour le paysage. Piqué du froid accueil

*

qu'il reçut de Jules Romain, lorsqu'il fut le trouver à Mantoue, il se retira à Naples, où la mort le surprit bientôt après son arrivée, et où cependant il exécuta encore quelques ouvrages importans. Ce fut le Fattore qui fut chargé de faire une copie de la Transfiguration pour François I ᵉʳ ; mais par une bizarrerie dont on ne connaît point le motif, il emporta cette copie à Naples et la vendit au marquis del Vasto.

POLIDORE DE CARAVAGE a laissé encore de plus grands souvenirs que le Fattore, et est à juste titre regardé comme un des plus grands artistes de cette belle époque, et un des plus dignes élèves de Raphaël. Né dans l'indigence, il quitta la Lombardie à dix-huit ans et vint à Rome, où pour gagner sa vie il se mit aux services des peintres qui travaillaient aux loges du Vatican, et porta quelque tems le mortier dont on se servait pour l'enduit des fresques. Il s'attacha de préférence à Jean da Udine et devint artiste en le voyant travailler. Son extrême application à copier les statues de l'antiquité, le rendit l'un des plus habiles et des plus savans dessinateurs des tems modernes. Ce fut aussi par cette qualité qu'il attira sur lui l'intérêt et l'admiration de Raphaël, dont les leçons achevèrent de le former. Quoique par un superbe tableau qu'il exécuta à Messine, il ait prouvé qu'il possédait le sentiment de la couleur,

il ne s'attacha cependant qu'à des ouvrages de clair-
obcur ; il excella dans ce genre de peinture que l'on
appelait alors *sgrafitto*, et qui consistait à dessiner
avec un poinçon, sur un enduit blanc appliqué sur
un fond noir, et il décora de la sorte l'extérieur
d'un grand nombre d'édifices à Rome. Personne ne
le surpassa dans l'imitation des bas-reliefs antiques,
et les sujets sacrés et profanes qu'il exécuta de cette
manière, sont admirables. Une partie des frises du
Vatican sont de lui. Rome assiégée par les Espagnols
en 1427, perdit pendant quelque tems ce calme
nécessaire aux Arts, et Polidore de Caravage ainsi
que beaucoup d'autres s'éloigna de ses murs. Il passa
à Naples et de-là à Messine, où ses talens pour
l'architecture lui procurèrent des travaux, ainsi que
nous l'apprend M. Vatelet. Comme l'on prétendait
qu'il ne s'était attaché à la peinture monochrome
que parce qu'il ne se sentait pas assez de talent pour
réussir dans les tableaux coloriés, il exécuta, pour
donner un démenti formel à cette médisance, un
Portement de Croix, remarquable non-seulement par
la composition, mais encore par la vigueur du coloris. Cet artiste recommandable périt d'une manière
malheureuse. La paix était rétablie à Rome, il se
disposait à y retourner, et avait en conséquence retiré
les fonds qu'il avait déposés à la Banque de Messine.
Son valet, pour s'approprier cette somme, l'assassina
pendant son sommeil en 1543.

I L fut l'ami de Maturino di Firenze, l'un des plus
habiles dessinateurs de ce siècle et ils travaillèrent
souvent ensemble. Malheureusement presque tous
leurs travaux ont péri ; mais on peut du moins s'en
faire une idée, en consultant les gravures que Chérubino
Alberti et Bartoli en ont exécutées.

PELLEGRINO de Modène, issu de la maison de
Munari, honora également l'école de Raphaël par
la grâce qu'il donnait au mouvement de ses figures
et à la manière de les grouper, et pour avoir approché de la noblesse des airs de têtes particuliers
à son maître. Il travailla avec succès sous ses yeux,
aux loges du Vatican et dans plusieurs églises de
Rome. A la mort de Raphaël il retourna dans sa
patrie, et y fonda une école sur les principes de
ce grand homme.

L'ON place encore au rang de ses élèves, Timoteo
della vite d'Urbain. Il se forma d'abord à Bologne
sous Francesco Francia, et se présenta ensuite à
Raphaël comme son compatriote et son parent. Sa
manière tenait encore beaucoup du quatorzième
siècle, mais il la corrigea à Rome et imita assez
bien la grâce, les attitudes et la couleur de Raphaël.
Cependant comme compositeur, Timoteo fut toujours
médiocre et ne triompha jamais d'une certaine timidité de pinceau qui nuisait au *grandiose*, et tombait

dans une exactitude mesquine. Son tableau de la
Conception, placé chez les moines de l'Observance,
à Urbin, et le *Noli me Tangere* de l'église de
St.-Angelo, à Cagli, sont ses meilleurs ouvrages.

MAIS un des peintres de cette Ecole, que son
mérite plaça parmi les élèves les plus recommandables
de Raphaël, fut le Garofolo, né à Ferrare, et dont
le véritable nom était Benvenuto Tisi. Il resta peu
de tems auprès de ce grand maître, mais il en profita
avec tant d'avantage, qu'il fut digne d'être l'un des
fondateurs de l'Ecole qui illustra sa patrie. Il prit
de Raphaël la pureté du dessin, la noblesse des
têtes, l'expression savante et la manière de colorer,
si ce n'est qu'il y ajouta une sorte de chaleur et de
force qui paraissent appartenir davantage à son École.
Rome, Bologne, et beaucoup de villes d'Italie,
regorgent de ses tableaux de chevalet, presque tous
représentant des sujets de dévotion. Beaucoup lui
sont faussement attribués, ou du moins n'ont pas été
entièrement peints par lui; il est plus admirable dans
les grands tableaux. La galerie du prince Chigi en possède beaucoup; et sa Visitation est une des productions
les plus capitales que l'on admire dans l'immense collection du palais Doria. Cet artiste était dans l'usage
de placer dans ses tableaux une violette, vulgairement
appelée *garofolo* par les italiens; et cette fleur, qui
faisait allusion à son nom, était sa signature.

★

RAPHAEL eut encore beaucoup d'autres élèves, mais d'un mérite inférieur, et que je ne citerai point ici ; il m'a suffi de faire connaître quels services il a rendu à l'art, lors même qu'il n'existait plus, et combien d'Ecoles ont dû l'origine de leur splendeur aux grands hommes qu'il forma. Sous ce rapport, il ne me reste plus qu'à citer Pier Campanna, et c'est par lui que je terminerai ce chapitre consacré à la plus belle époque de l'École romaine.

PIER CAMPANNA, que Lanzi nomme dans son excellent ouvrage, était flamand ; et quoiqu'il n'eût point, dit notre auteur, entièrement perdu la séche-resse qu'il avait puisée dans l'École de sa patrie, il ne laissa pas de jouir d'une grande considération dans les arts. Il séjourna pendant vingt ans en Italie, et fut appelé à Venise par le patriarche Grimani. Il peignit plusieurs portraits pour ce prélat, et ce fut aussi pour lui qu'il composa son tableau si célèbre de la Madelaine conduite au temple par S^te.-Marthe, pour y entendre la prédication de Jésus. Le patriarche, en mourant, légua à l'un de ses amis ce tableau, qui depuis passa en Angleterre pour le cabinet de M. Slade. Campanna fut ensuite à Bologne, et s'y distingua en peignant un arc de triomphe pour l'entrée de Charles-Quint dans cette ville ; ce monarque fut si satisfait de cet ouvrage, qu'il engagea ce peintre à passer en Espagne, et l'envoya à Séville. Il y poussa

sa carrière jusqu'à la décrépitude ; il y fonda une
Ecole célèbre, et ce fut à ses leçons que l'Espagne
dut le Morales, dont les grands talens lui méritèrent
de ses compatriotes le surnom de divin.

MICHEL-ANGE BONARUOTI.

Si mon intention eût été d'écrire spécialement
l'histoire de l'art, j'eusse dû sans doute m'asservir à
l'ordre des tems ; et, conservant à l'Ecole florentine
le pas que la chronologie semble lui accorder sur les
autres Ecoles, il eût été naturel que cet illustre chef
de celle de Florence eût été cité avant Raphaël ;
mais la place de ces discours, destinés à faire connaître le degré de splendeur auquel la peinture est
parvenue en Europe depuis la renaissance des arts,
étant irrévocablement marquée à la tête de cet ouvrage
spécialement consacré à décrire les chefs-d'œuvres de
la peinture, il est simple que j'aie donné la priorité à
celui des deux, dont les productions plus nombreuses
passent par conséquent plus souvent sous les yeux du
lecteur, sans que l'on puisse en induire qu'un sentiment
de prédilection m'ait déterminé dans cette préférence ;
car quel homme serait doué d'assez d'orgueil ou assez
aveuglé par la présomption pour se permettre de
marquer les rangs entre Michel-Ange et Raphaël ?

L'UN et l'autre s'immortalisèrent dans les arts, mais par des routes différentes ; leur génie fut également immense : mais sublimes l'un et l'autre dans leurs conceptions, l'un charma constamment, l'autre étonna toujours. Raphaël fut un peintre admirable, et Michel-Ange fut tout-à-la-fois grand peintre, grand statuaire, grand architecte, ce qui semblerait, au premier coup-d'œil, faire pencher la balance en sa faveur ; mais Michel-Ange vécut quatre-vingt-dix-ans, et Raphaël seulement trente-six ; et il reste à décider ce qu'un homme organisé, ainsi que l'était Raphaël, eût pu faire, si la nature eût ajouté cinquante-quatre ans de plus à son existence. L'un et l'autre fondèrent les deux plus illustres Ecoles du monde, mais Michel-Ange eut à Florence des prédécesseurs plus illustres à surpasser, que Raphaël à Rome ; il dut être plus difficile à celui-là de l'emporter sur Le Vinci, qu'à celui-ci de faire oublier Perugin ; mais si Raphaël paraît avoir vu moins d'obstacles s'opposer à sa renommée, Michel-Ange vit aussi plus de voix s'appliquer à étendre la sienne ; et son adolescence, entourée de tant de hautes protections, dont celle de son rival fut privée, fut par-là soulagée de la fatigue des efforts qu'il lui fallut faire pour triompher de ses devanciers, tandis qu'elle pesa toute entière sur Raphaël.

LE Cimabuë et le Giotto avaient depuis long-tems

donné le sceptre de la peinture à Florence. Leurs
préceptes, leur manière, leur goût, s'étaient étendus
par toute l'Italie ; mais cette uniformité de principes
devait par cela même faire craindre à Florence de
perdre sa suprématie, parce qu'il ne fallait que l'ap-
parition d'un homme de génie pour appeler sur une
autre contrée ou une autre ville l'attention qui se
concentrait toute sur Florence, ce qui fut en effet
arrivé si le ciel eût permis que Rome eût possédé
Raphaël, sans qu'à cette époque Michel-Ange eût
existé.

LORSQUE, successeurs de ces deux fondateurs de
l'art à Florence, Pietro della Francesca, le Bruneleschi et Paolo Ucello eurent soumis, à l'imitation
des Grecs, la peinture aux règles géométriques, et
se furent instruits dans la perspective ; que Massolino
eut commencé à donner plus de grandiose aux figures
et se fut appliqué à l'étude du clair-obscur ; lorsque
enfin l'art se rapprochant insensiblement de la nature
eut commencé à se débarrasser de cette sécheresse,
de cette roideur, de cette barbarie, où les compo-
siteurs de mosaïques semblaient l'avoir condamné pour
toujours, et dont le Cimabuë et le Gioto ne furent
pas exempts, parut le Massacio, homme de génie,
dont le nom sert de date à la première époque remarquable de l'Ecole Florentine, et le premier vraiment digne de cette célébrité, que ses devanciers

*

ne durent qu'aux circonstances, où l'art encore dans
le berceau, ne plaçait à côté d'eux que des talens bien
au-dessous des leurs, quelques informes qu'ils fussent.

Vasari le regarde comme le premier des peintres
qui, depuis la renaissance, ait donné de la vérité et
des expressions naturelles aux figures ; tout ce que
l'on avait fait avant lui, dit-il, n'était que de la peinture, il lui était réservé de donner la vie aux tableaux ;
et au jugement de cet historien si fréquemment consulté par tous ceux qui ont écrit sur l'art, il fut de
tous les peintres du quinzième siècle celui qui
s'approcha le plus de ceux que les beaux tems de
l'Ecole mirent en lumière : ou pour parler plus juste,
il faut dire avec Mengs qu'il fut le premier à ouvrir
la carrière dans laquelle ils se sont illustrés. Il avait
étudié les ouvrages de Ghiberti et du Donatello ;
Bruneleschi lui avait enseigné la perspective, et il
s'était perfectionné dans le dessin à Rome, en copiant les marbres antiques. Ce fut dans cette capitale
du monde chrétien qu'il fit les premières preuves
de son talent, en décorant la chapelle de Sainte-Ca-
therine dans l'église de Saint-Clément, où il peignit
quelques sujets de la vie de la Sainte et la passion
de Jésus-Christ sur les murs, et les Evangélistes sur
la voûte. On les y voit encore, et seuls de tous les
tableaux qu'il exécuta dans cette chapelle, ils n'ont
point été retouchés. On vante également son tableau de

Sainte Anne, à Saint-Ambroise de Florence. Mais
ce sont des ouvrages de sa jeunesse qui ne peuvent
être comparés à ceux qu'il exécuta dans la chapelle
des Carmes. Là, selon Mengs, les airs de têtes sont
dans le goût du Sanzio ; les figures sont bien posées,
ce qu'on n'avait point vu jusqu'alors. Les raccourcis
que l'on ne connaissait pas, sont variés et savans ;
les mouvemens des membres sont d'accord avec l'expression des têtes ; le nud est indiqué avec autant
d'art que de vérité ; les draperies sont simples et
naturellement jetées ; le relief des figures est fortement senti ; le coloris est vrai, agréable, varié, et
sur-tout harmonieux. Telle fut cette chapelle, dont
la beauté immortalisa son auteur, chapelle si fameuse
que pendant nombre d'années les plus célèbres peintres
non-seulement de Florence, mais encore de toute
l'Italie, sans en excepter Raphaël, vinrent y étudier
les beautés et les principes de l'art. Ce grand homme,
mort empoisonné en 1443, ne put y mettre la dernière main, et ce ne fut que long-tems après lui que
Lippi le jeune la termina.

MASACIO ne fut point égalé par ceux de ses successeurs qui florirent avant la naissance de Léonard
da Vinci (1), et quoique quelques-uns soient parvenus

(1) Cela doit s'entendre de l'époque où le Vinci commença à devenir
célèbre ; car étant né en 1452 et le Masacio étant mort en 1443, l'in-
tervalle ne serait que de neuf ans.

à une grande renommée, tel par exemple qu'Andrea del Castagno, qui souilla celle de ses talens par un crime (1); tel encore que le Ghirlandaio, le Roselli, le Cosimo, le Signorelli, et quelques autres qui travaillèrent à la chapelle Sixtine, où tant de pinceaux habiles furent appelés, aucun d'eux toutefois ne réunit toutes les parties que possédait Masacio. Plusieurs d'entr'eux retenaient encore de cette roideur, de cette crudité, de cette barbarie même, tant et si justement reprochée aux peintres du quatorzième siècle et aux contemporains de Cimabuë. Mais cependant l'art fit un grand pas; et si tous les historiens s'accordent à trouver que les peintres de la première moitié du quinzième avaient encore peu de connaissance de la beauté idéale dans les formes, qu'ils n'étaient point arrivés à donner au dessin la rondeur désirable, à varier suffisamment leurs compositions, à bien choisir leurs sujets, à posséder la perspective aérienne et l'harmonie de la couleur, tous conviennent néanmoins que ces peintres réussissaient à copier la nature avec une extrême vérité, sur-tout dans les têtes;

(1) Jean Van Eick, peintre flamand, découvrit ou inventa le procédé de peindre à l'huile. Il communiqua son secret à Antonello de Messine, et celui-ci à Dominico de Venise, son élève. Dominico vint à Florence. Andrea del Castagno se lia avec lui, et à force de caresses obtint qu'il lui ferait part du moderne procédé. Quand le perfide Andrea del Castagno fut suffisamment instruit, il assassina son bienfaiteur, afin de demeurer sans rival en Italie dans ce nouvel art.

qu'ils donnaient à leurs portraits une vie , une grace , un attrait, une fraîcheur qu'aujourd'hui même on ne peut s'empêcher d'admirer, et qu'il semble , quand on les regarde , pour me servir de l'expression d'un auteur moderne , qu'ils vont avoir une conversation avec vous. Ils joignaient à cette grande fidélité d'imitation , ils joignaient, dis-je, à cette qualité si importante dans le peintre , une autre qualité non moins précieuse, c'était la pureté et la correction du dessin. On lui reproche justement une extrême sécheresse , mais dans cette partie ce fut le seul défaut que les célèbres peintres de la grande époque eurent à corriger; car on ne peut se dissimuler que les peintres du commencement du quinzième siècle furent leurs maîtres sous le rapport du dessin. Au reste, jamais époque ne fut plus propice au rapide avancement de la peinture ; c'est d'elle que date en général l'exécution des plus beaux temples , des plus beaux palais publics , des plus belles maisons ducales, dont l'élégance et la magnifique splendeur embellissent Florence, Rome , Ferrare , Venise , Mantoue , Milan et nombre d'autres villes ; et l'on conçoit aisément combien le double désir d'arriver à la gloire et à la fortune , en décorant cette foule de superbes édifices, dut enfanter d'émulation parmi les peintres , échauffer leur enthousiasme, exercer leur génie, et développer leurs facultés. Tel était l'état brillant du théâtre où Léonard de Vinci et bientôt après Michel-Ange Bonaruotti se trouvèrent placés.

★

LEONARDO était fils naturel d'un notaire de la
seigneurie de Florence, nommé Pietro, et prit le surnom da Vinci d'un château du Valdarno inférieur,
où il reçut le jour. Peu d'hommes furent plus favorisés
de la nature. Il joignit toutes les qualités de l'esprit et
du cœur à tous les charmes de la figure, et mit à
profit toutes ces heureuses dispositions ; non-seulement il cultiva avec succès tous les arts qui tiennent
au dessin, et posséda dans un degré supérieur la
peinture, la sculpture et l'architecture ; mais encore
il fut profond dans les sciences mathématiques, mécha-
niques et hidrostatiques, et excella dans les arts
agréables, tels que la poésie et la musique : à tant
de talens il sut unir encore tous ceux qui dépendent
de l'adresse, de l'agilité et de la force de corps ;
nul homme ne connut mieux que lui l'équitation,
ne fut plus souple dans l'escrime, plus adroit à la
paume, plus léger dans la danse ; et si l'on réfléchit
au prix qu'une figure charmante, une taille agréable
et un goût inné pour le faste et l'élégance pouvaient
ajouter à la réunion si rare de ces talens divers, on ne
sera pas étonné de la sensation que ce célèbre artiste
fit dans le siècle où il vécut, de l'estime où il fut
parmi les souverains, de l'amitié qu'il obtint de tous
ceux qui le fréquentèrent, et de l'admiration qu'il
excita parmi ses contemporains.

ÉLÈVE du Verrocchio, il surpassa bientôt son

maître. Sa sagacité lui fit apercevoir rapidement ce qui manquait de son tems à la perfection de la peinture ; et pour donner au dessin des bases certaines, il étudia les mathématiques, l'optique, la perspective et l'anatomie. Il n'eut d'autre maître dans l'expression des passions, que la sensibilité de son ame ; et comme en lui tout était grace, il fut le premier des peintres qui sut donner une grace admirable à ses figures.

ADMIRATEUR de la nature, il la consulta seule pour le dessin, et parvint à donner au sien une précision et une pureté remarquables ; mais dans la nature même il sut choisir avec goût, et ne l'imiter qu'en ce qu'elle offre d'aimable, de voluptueux et de touchant. Les historiens et les amateurs reconnaissent deux styles dans ce grand peintre ; l'un où les ombres fortement prononcées donnent plus d'éclat aux effets de la lumière ; l'autre plus flatteur à l'œil, peut-être, où il semble procéder par demi-teintes ; mais dans l'un et dans l'autre triomphent également et la grace du dessin, et la finesse de l'expression, et la légèreté du pinceau. Tout est riant dans ses tableaux : le paysage, le site, les fleurs, l'architecture, les fabriques. Qui croirait qu'un aussi habile homme fût arrêté par sa timidité, et qu'elle lui fît souvent laisser des ouvrages imparfaits ? Il semblait, dit Lomazzo, dans son ouvrage, intitulé : *Idée du temple de la peinture*, que Leonardo fût effrayé toutes les fois qu'il se mettait à peindre, et que la connaissance de l'extrême difficulté de l'art qui lui faisait découvrir des fautes où les autres n'apercevaient que des prodiges, l'arrêtât à chaque instant, et l'empêchât de terminer suffisamment ce qu'il avait commencé.

Louis Sforce, qui régnait à Milan, l'appella à sa cour. Ce prince était musicien et pinçait de la lyre. Il savait que Léonard excellait dans cet instrument, et fut curieux de l'entendre. L'artiste se rendit à ses vœux, et porta avec lui une lyre qu'il avait fabriquée lui-même, et dont la matière était d'argent; invention aussi nouvelle que singulière. Comme musicien, comme poète, comme logicien, il charma la cour et la ville. Le duc le retint à son service, et bientôt après le chargea de grands travaux publics, où il déploya ses talens pour la mécanique et l'hydrostatique. Ces importantes occupations l'empêchèrent de se livrer à la peinture, mais il fonda et dirigea une Académie des Beaux-Arts à Milan, et l'on dut aux élèves qu'il forma la plus belle époque de l'école lombarde.

Quand le gouvernement des Sforce cessa, Leonard de Vinci voulut revoir sa patrie; il quitta Milan et revint à Florence, où il séjourna pendant treize ans. Ce fut pendant ce laps de tems qu'il exécuta ses ouvrages les plus capitaux : de ce nombre sont le

célèbre portrait de M. Lisa, plus connu sous le nom
de la Joconde, que la France possède aujourd'hui, qui
coûta à ce peintre quatre années de travail, et passe
pour n'avoir jamais été parfaitement fini ; le carton d'un
tableau de Sainte-Anne, qu'il se proposait de faire pour
les moines Servites, et qu'il ne se décida jamais à
exécuter ; un autre carton d'un tableau de la bataille
de Nicolo Piccinino, qui devait être placé dans la
grande salle du conseil, et qu'il fit en concurrence
avec Michel-Ange. Nous parlerons dans la suite de
celui-ci. Les arts gémissent encore de l'irréparable
perte de ces deux cartons, qui servirent aux études
des meilleurs peintres de cette époque, et même
à celles d'Andrea del Sarte. Vasari est entré, à cet
égard, dans des détails intéressans, aussi bien que
M. Mariette dans sa lettre sur le Vinci, que l'on
trouve dans le second tome des Lettres sur la Peinture. On suppose qu'il n'exécuta point le tableau de
cette Bataille si fameuse dans l'histoire de Florence,
parce qu'alors il se livrait tout entier à des essais
de peinture à l'huile sur les murs, et qui tous,
malheureusement furent infructueux. Comme le Vinci
était parvenu au plus haut degré de son talent, et
que, si l'on en excepte le tems qu'il consacra à ces
essais de fresque à l'huile, il put, pendant ces treize
années de séjour à Florence, libre de toute distraction,
se livrer tout entier à la peinture, il est assez naturel
que l'on rapporte à cette époque l'exécution de ses

*

plus beaux ouvrages. Ainsi, par exemple, l'on date de ce tems son portrait, peint par lui-même, que l'on voit dans la galerie de Florence, dans la salle des portraits des peintres célèbres, tableau qui, par la force de l'expression, l'emporte sur tous ceux que renferme cette salle; et la demi-figure d'un jeune moine si célébrée par Bottari, et que l'on regarde comme le morceau le plus rare du magnifique palais des Nicolini; et le portrait de la Reine Jeanne, enrichi d'une si belle architecture, que l'on admire dans le palais Doria à Rome, ainsi que son tableau de la Dispute de Jésus-Christ; et celui de la Vérité et de la Modestie inimitable par la couleur, que possède le palais Barberini; et la Vierge qui présente un lys à l'Enfant Jésus, que l'on voit au palais Albani, tableau que Mengs préfère à tout ce que cette galerie contient de plus insigne. Cependant, comme l'observe l'abbé Lanzi, il serait téméraire de vouloir par des conjectures assigner des dates à ces chefs-d'œuvres, surtout quand il s'agit d'un maître qui, grand de bonne heure, essaya si souvent de se frayer des routes inconnues, et tant de fois se détourna des travaux de la peinture pour se livrer à d'autres siences. Au reste, il est assez présumable que les derniers tableaux que nous venons de citer ont été exécutés lorsque son protecteur Léon X, parvenu au pontificat, l'appela à Rome, puisque c'est dans cette ville qu'ils se trouvent.

A soixante-trois ans , il renonça pour toujours à la peinture. Ses démêlés avec Michel-Ange , jeune encore , sont assez connus ; et si l'on doit gémir des funestes effets de la rivalité , c'est assurément lorsqu'ils divisent deux hommes d'un talent si supérieur , et que par conséquent tant de raisons devraient porter à s'estimer et à s'aimer. Le jeune Buonaroti supplanta le Vinci dans des travaux qu'il s'était engagé à exécuter à Florence et à Rome. Cette préférence injuste , puisqu'elle dépouillait et humiliait un homme d'un talent supérieur , mêla quelqu'amertume aux dernières années d'une vie que tant de brillans succès avaient semée de fleurs; et c'est ici l'instant de remarquer avec quelle scrupuleuse discrétion les gouvernemens doivent choisir les hommes qu'ils chargent de travaux dans les arts , et combien ils doivent craindre qu'à mérite égal leur prédilection pour tel ou tel ne soit un affront insuportable pour tel autre , qui , par ses travaux , mérite leurs égards et quelquefois leur reconnaissance.

CEPENDANT comme si la fortune eût rougi d'être pour un moment infidèle à Léonard da Vinci , elle lui ménagea bientôt un dédommagement glorieux , qui rendit sa vieillesse aux honneurs et au calme que ce grand homme n'eût jamais dû perdre. François I.er , pendant le séjour qu'il fit à Milan , en 1515 , avait été si frappé de la beauté du tableau de la Cène , par Léonard da Vinci , qu'il avait essayé de faire scier

le mur sur lequel cette fresque est peinte , pour
l'emporter en France ; ce projet offrit tant de difficultés qu'il devint inexécutable , et qu'il fallut que ce
monarque y renonçât. Pour s'en consoler, il voulut
s'en attacher l'auteur. Malgré son âge avancé le Vinci
fut sensible à cette marque de faveur , et quitta sans
regret une injuste patrie dont l'inconstance le mettant
en oubli , encensait, sous ses yeux , la jeunesse d'un
artiste qu'elle traitait comme le rival de celui dont
il ne devait être que le successeur. François I.er le
combla de bienfaits , et des plus honorables marques
de son amitié. Le Vinci , épuisé par l'âge , ne pro-
duisit rien en France , et au bout de deux ans , c'est-
à-dire en 1519, mourut entre les bras de ce monarque ,
ami généreux et protecteur éclairé des arts et des
lettres.

On a dû voir par ce coup-d'œil rapide , jeté sur les
hommes qui précédèrent Michel-Ange à Florence ,
à quel état d'élévation les arts y étaient parvenus lorsqu'il y parut ; quelle somme de génie il dut recevoir de
la nature pour succéder à Masaccio et à Léonard da
Vinci , et quelles difficultés il lui fallut surmonter
pour s'élever au-dessus de maîtres aussi redoutables.

MICHEL-ANGE BUONAROTI ou BONARUOTI , ainsi
que l'écrivent les historiens modernes de l'Italie ,
naquit en 1474. L'abbé Lanzi ne compte que vingt-

trois ans de distance entre la naissance de Léonard de Vinci et celle de Michel-Ange, parce qu'il date la première de l'année 1452; mais nous suivons ici la version de M. Lévêque, qui reporte la naissance de Léonard à 1445, en sorte qu'il avait trente-un ans lorsque Michel-Ange vint au monde. Il était d'une famille noble mais pauvre, qui habitait dans un château près d'Arezzo. Ce fut là qu'il vit le jour. Son père, Ludovico Bonaruoti Simoni, était de l'illustre maison des comtes de Canosso.

DANS son enfance on ne le destina point aux arts. Ses étonnantes dispositions se déclarèrent de bonne heure. Son goût pour le dessin ne nuisit point à ses études; il sut l'allier avec elles. Il cultiva les lettres et les arts avec un succès égal, il fut poëte et peintre tout-à-la-fois, et l'on conserve à la bibliothèque du Vatican un recueil manuscrit de ses poésies presque entièrement écrit de sa main. Elles ont été imprimées plusieurs fois. La dernière et la meilleure édition a paru en 1716, à Florence; elle est dédiée au Sénateur Bonaruoti, l'un des descendans de ce grand artiste.

SON vaste génie ne se concentra point dans la peinture; il fut encore grand architecte et le premier sculpteur de son tems. Une circonstance particulière lui fournit dans sa jeunesse des facilités pour se perfectionner dans l'art du statuaire, qu'il ne pouvait ni prévoir ni se procurer peut-être par lui-même. Il

était entré au nombre des élèves de Domenico Ghirlandaïo. Ce maître était d'un caractère jaloux ; il
avait déjà donné des marques de cette vile passion en
éloignant de son atelier son frère Benedetto , dont
il redoutait la concurrence , et lui avait fait passer
les Alpes. Les étonnans progrès de Michel-Ange ,
son élève , l'alarmèrent bien plus encore. Le hazard
voulut qu'à cette époque Laurent de Médicis , surnommé le Magnifique , et dont la mémoire est si
chère aux arts , voulut remettre en honneur à
Florence la sculpture , qui , depuis quelques années marchait à grand pas vers la décadence. Il
avait en conséquence réuni dans son jardin de
San Marco un grand nombre de marbres antiques ,
et avait confié la garde de ce muséum à un élève
du Donatello , nommé Bertoldo ; il s'adressa ensuite
au Ghirlandaïo , pour l'inviter à lui procurer un jeune
homme que l'on pût former à la sculpture en l'intro-
duisant dans ce musée , et le Ghirlandaïo s'empressa
de lui présenter Michel-Ange , dans l'espoir que
l'étude de la sculpture le détournerait de celle de
la peinture , et qu'il se débarrasserait par-là d'un rival
qui lui paraissait redoutable pour la suite. Le père
de Michel-Ange , dont l'orgueil était déjà blessé que
son fils se destinât à la profession des arts , le vit
avec chagrin accepter , dans la maison du grand duc ,
une place qui lui semblait se rattacher à la domes-
ticité. Laurent de Médicis fut informé des chagrins

de ce père ; et pour détruire le préjugé qui en était
la source, non-seulement il le combla lui-même de
bienfaits, mais encore traita le jeune Michel-Ange
dans son palais, non comme un homme à ses gages,
mais comme un de ses alliés, l'admit à la table des
princes ses enfans, et le mit de pair avec Politien et
les autres illustres savans dont sa cour était composée.
Quatre ans de séjour au sein d'une société semblable,
et l'honneur constant de la paternelle munificence
de Laurent de Médicis, achevèrent l'éducation de
Michel-Ange, lui firent acquérir les élémens de toutes
les sciences, et lui inspirèrent le goût de la poésie,
qu'il cultiva avec succès. Le Dante fut surtout
l'objet de son enthousiasme ; il conserva toute sa vie
une admiration presque exclusive pour tous les ouvrages de ce grand poète, et cette prédilection peint
elle seule le caractère du génie de Michel-Ange.
Pendant ces quatre années, il ne s'occupa qu'à se
perfectionner dans le dessin, soit en étudiant dans
la chapelle de Masaccio, soit en copiant d'après l'antique dans le jardin de Médicis. Alors il sentit la
nécessité de connaître parfaitement l'anatomie, et il
s'attacha à l'étude de cette science avec cette chaleur et cette opiniâtreté qu'on lui remarqua constamment dans toutes ses entreprises. On prétend qu'il
employa douze années à cette étude, et que sa
santé en fut altérée ; mais enfin cette science seconda
parfaitement son génie, il lui dut le grand caractère

qu'il imprima à ses productions, les principes éternels
sur lesquels il fonda son école, et enfin le haut degré
de gloire auquel il arriva.

JE ne puis mieux faire, ce me semble, pour
donner au lecteur une idée générale du genre de
génie de Michel-Ange, que de traduire littérale-
ment ici ce que dit à ce sujet l'abbé Lanzi, dans le
premier volume de son ouvrage, page 116, édition
de 1795-1796.

« CE fut, dit l'historien Italien, par la réunion
» de ces diverses connaissances qu'il parvint à se
» créer un style qui lui valut le surnom du Dante
» des arts. De même que ce poète parut à tous les
» yeux si profond et si grand, parce qu'il contraignit
» la poésie à traiter les matières les plus abstraites,
» et triompha heureusement de toutes les difficultés
» que présentait un semblable projet ; de même
» Michel-Ange, en abordant avec audace tout ce que
» le dessin offrait de dangereux à tenter, se montra
» dans l'exécution également savant et sublime.
» L'homme qu'il introduisit dans ses compositions,
» est, quant aux formes, le même que Zeuxis, si
» l'on en croit Quintilien, choisissait et représentait
» toujours, c'est-à-dire robuste, nerveux, for-
» tement musclé. On reconnaît partout la difficulté
» vaincue dans ses raccourcis et ses attitudes, et les

» expressions de ses figures sont pleines de vi-
» vacité et de fierté. Si les critiques, en reprochant
» au Dante un certain faste de savoir, l'ont accusé
» d'être quelquefois plus prosateur que poète, de
» même ils ont prétendu que Michel-Ange est quel-
» quefois aussi plus anatomiste que peintre. L'in-
» souciance pour la beauté que l'on remarque dans
» le poète, se retrouve également dans le peintre ;
» et si l'on s'en rapporte au jugement des Caraches
» et de Mengs, cette insouciance dégénère en
» barbarie. »

» JE ne prononcerai point, continue l'auteur
» toscan, sur le mérite de ces reproches ; mais
» j'avertirai le lecteur qu'il ne faut pas pousser ce
» paralèlle trop loin, parce que si le Dante s'est
» écarté des routes ordinaires en voulant asservir
» l'expression des pensées profondes et métaphysiques
» au joug impérieux de la poésie, on ne peut pas
» toujours le considérer comme un modèle ; tandis
» que le style de Michel-Ange, dans chaque dessin,
» dans chaque esquisse, et à plus forte raison dans
» chaque composition capitale, est constamment un
» exemple pour l'art, et que si le travail s'y fait
» sentir, tout néanmoins y paraît et facile et naturel. »

IL est jugé moins favorablement dans le dictionnaire
de Peinture ; et cette facilité, ce naturel que lui accorde

*

l'auteur italien , sont précisément les qualités que l'auteur français lui refuse. « Il faut avouer , dit » M. l'Évêque , que ses expressions grandes et » fières sont en même tems peu naturelles. — Il a » plutôt cherché dans la nature ce qui fait la force » de l'homme que ce qui en constitue la beauté. » Il a voulu être grand , terrible , et a négligé d'être » gracieux , etc. »

Mengs le traite plus sévèrement encore. Dans des jugemens si opposés, dans cette contradiction sans cesse existante entre la plupart des écrivains qui ont parlé de ce grand homme , ne serait-il pas quelques préjugés d'école , et quelquefois aussi quelques préventions nationales. Quoiqu'il en soit , il faut que Michel-Ange ait été un homme bien extraordinaire, puisque ni l'acharnement de la critique , ni l'exagération des éloges n'ont pu dégrader sa renommée, et que ses ouvrages sont encore aujourd'hui l'objet des études , des méditations , de l'étonnement et du désespoir souvent des artistes.

Quel homme en effet que celui qui fut tout-à-lafois grand peintre, grand statuaire, grand architecte, grand ingénieur; dont le pinceau créa les fresques sublimes de cette chapelle Sixtine à jamais admirable , et ce Jugement Dernier , tableau plus étonnant encore ; dont le ciseau enfanta cette statue colossale de

Jules II, et ce Moïse si célèbre, et ce Bacchus si
vanté ; dont le génie conçut ce dôme de Saint-Pierre,
et ce palais Farnèse ; dont la main érigea ce pont de
Rialto à Venise, et ces fortifications de Florence. Quelle
autre tête rassembla jamais cette multitude infinie
de combinaisons, si différentes dans leur objet, si
opposées d'analogie, si étrangères même entr'elles par
les études qu'elles nécessitent ? Si l'on se demande
comment il eut le tems d'exécuter tant d'ouvrages
capitaux, ne peut-on pas demander plutôt comment
il eut le tems seulement de les concevoir, et bien
plus encore comment il eut le tems d'acquérir
toutes les siences préliminaires que suppose leur
exécution ?

MICHEL-ANGE méprisait le procédé de la peinture
à l'huile ; il prétendait qu'il n'appartenait qu'aux femmes
de s'en occuper. Il ne s'attacha donc qu'à des fresques,
et l'on ne trouve par conséquent que bien peu de
tableaux de lui dans les cabinets, encore est-il douteux
que ceux qu'on lui attribue soient authentiques. Les
dessins, pour être plus communs, n'en sont pas moins
précieux. Les arts ne sont pas consolés et ne se con-
soleront jamais de la perte de son fameux carton
de la guerre de Pise, qu'il composa en concurrence
avec le Vinci pour être exécuté dans la grande salle
du palais public de Florence. Plusieurs historiens
italiens, le Cellini entr'autre, mettent cet ouvrage

bien au-dessus de ce qu'il exécuta depuis dans la chapelle Sixtine. Si cette assertion est vraie, quelle idée
doit-on se faire de la sublimité de ce carton puisqu'il
l'emportait sur des travaux qui seront à jamais l'objet
de l'admiration générale. Au reste, ce qui servirait
à prouver le mérite de ce dessin, c'est que Vasari
avance que tous ceux qui l'étudièrent parvinrent à un
haut degré de supériorité, et en effet les hommes
qu'il cite furent les plus grands peintres de cette belle
époque. Ce beau carton ne nous est plus connu que
par les descriptions; et elles suffisent pour démontrer
que le génie avait présidé à sa composition. Nous
avons dit plus haut que Michel-Ange excellait dans
la représentation du nud, dans les raccourcis, dans
les mouvemens violens des figures, dans tout ce qui
se rattache enfin à la grande connaissance de l'anatomie. Apparemment que le spectacle terrible de
deux armées aux prises ne parut pas encore à son
génie d'une assez vaste étendue pour le satisfaire,
et ce même génie se créa une ressource qui n'appartenait qu'à lui. Il supposa donc que l'attaque avait
lieu à l'instant où une partie de l'armée florentine,
fatiguée de la chaleur du jour, se baignait dans l'Arno.
On conçoit alors quel champ immense cette fiction
ou supposition poétique ouvrit à son talent de prédilection; combien cette multitude de soldats s'échappant
des flots pour courir aux armes dut lui fournir, d'expressions extraordinaires, de poses savantes, d'attitudes

sublimes, de moyens enfin pour déployer son inimitable habileté dans ce genre de dessin.

La perte, ou pour mieux dire la lacération de ce chef-d'œuvre, fut imputée à Baccio Bandinelli, et le lecteur peut se rappeler ce que j'ai dit ailleurs à ce sujet, en décrivant un des tableaux de cet artiste. Baccio fut un trop habile homme, pour que les écrivains ne mettent pas beaucoup de circonspection quand il s'agit d'une accusation de cette importance. Dans le fait, Baccio Bandinelli ayant été bien plus grand sculpteur que grand peintre, et ayant renoncé de très-bonne heure à la peinture, on ne lui voit pas de motif assez puissant pour avoir commis un semblable crime. Ce fut, dit-on, par amour pour Léonard de Vinci, son maître. Sans doute il y eut dans tous les tems trop d'exemples du fanatisme d'école, mais il est rare ou pour mieux dire impossible qu'il se porte à de semblables excès.

Malgré cette connaissance profonde de l'art du dessin, tout engage à croire, et c'est l'avis des plus estimables écrivains, que Michel-Ange craignit de ne tenir que le second rang dans la peinture. Cette crainte prouverait que son indifférence pour la grâce, pour la couleur, et pour l'imitation des belles formes puisées dans la simplicité de la nature, était moins réelle qu'apparente, et qu'il n'affectait ce dédain pour

*

les belles parties de la peinture que par impuissance
de les acquérir : cette impuissance fut vraisembla-
blement le motif secret de la préférence qu'il sembla
toujours donner à l'art de la sculpture. Dans cette
partie du moins, il se crut sans rival, et il eut raison ;
et l'on voit que, de son vivant, sa réputation en ce
genre fut sans bornes comme sans contradictions. Il
lui dut d'être appelé à Rome par le pape Jules II ;
et quand le Bramante, pour nuire à ce Michel-Ange,
suggèra à ce pape altier de lui faire peindre la voûte
de la chapelle Sixtine, dans l'espoir sans doute de le
voir échouer dans une semblable entreprise, et de
l'humilier par ce revers, il essaya de s'en dispenser
et de faire tomber le choix du pontife sur Raphaël ;
mais quand il connut que la résistance aux volontés
de Jules II n'était peut-être pas sans danger, il prit
son parti en homme que l'élévation du génie place
au-dessus des difficultés. Il appela près de lui les
compagnons ou les élèves de ceux qui antérieurement
avaient travaillé à la chapelle Sixtine, tels par exemple
que Jacopo di Sandro dit le Boticelli, Agnolo dit
Donnino, ami du Roselli, l'Indaco Magiore, élève
du Ghirlandaïo, et quelques autres. Il connaissait
bien la faiblesse de ces peintres, et savait qu'ils étaient
incapables de le seconder, mais il avait ses motifs
pour un tel choix. Il les mit donc à l'œuvre, apprit
en les voyant faire les procédés de la fresque ; les
congédia quand il se crut assez instruit, effaça tout

ce qu'ils avaient commencé, s'enferma seul dans la chapelle , se mit lui-même à l'ouvrage , et créa les chefs-d'œuvres dont cette voûte est couverte , et qui passeront, aussi long-tems que les âges les respecteront, pour le *nec plus ultrà* de l'art du dessin. Ce fut là qu'il exécuta ces figures de Prophètes et de Sybiles , si admirables par la variété des compositions et ce *grandiose* des formes et du dessin, que Lomazo, dans son livre sur la peinture , les regarde comme le plus bel ouvrage du monde. Vasari est de la même opinion , et cite principalement la figure d'Isaïe , qui , dit-il , est si bien étudiée dans toutes ses parties , que l'on y trouve et qu'elle enseigne tous les préceptes que doit suivre un bon peintre. Au reste , dans la Création du monde, dans le Déluge, dans la Judith, dans une foule d'autres sujets qu'il a représentés sur l'immense voûte de cette chapelle , tout est admirable , tout est neuf , soit dans les draperies , soit dans les raccourcis , soit dans les attitudes.

Un long repos succéda à la confection de ce chef-d'œuvre. Je m'explique. Je veux dire qu'après cet important travail, Michel-Ange sembla , pendant plusieurs années , avoir abandonné la peinture pour ne s'occuper que de sculpture et d'architecture ; jusqu'à ce que Paul III , par le conseil de Sébastiano del Piombo , plus connu sous le nom du Frate , voulut réaliser le projet conçu par son prédécesseur Clé--

ment VII, de faire exécuter dans cette même chapelle
Sixtine deux grands sujets ; savoir : au-dessus de la
porte principale, la Chute des Anges, et sur la façade
opposée, au-dessus de l'autel, le Jugement universel.
Ce souverain pontife, pour déterminer Michel-Ange
à se charger de cette grande entreprise, se rendit
en personne chez ce célèbre artiste, qui ne put re-
fuser à cet honorable hommage, jusqu'alors inoui
dans l'histoire des arts, de se rendre aux vœux du
Saint Père. Sébastiano del Piombo avait persuadé au
pape de faire exécuter cet ouvrage à l'huile, et avait
fait revêtir les places d'un enduit disposé à cet effet.
Michel-Ange, comme je l'ai dit ailleurs, méprisait
la peinture à l'huile, qu'il ne considérait tout au plus
que comme un amusement digne des femmes. En
cela seulement il contraria les volontés de Paul III,
fit enlever l'enduit que Sébastiano del Piombo avait
préparé, fit recrépir le mur comme il le jugea convenable, se mit à l'ouvrage et employa huit ans à
terminer ce fameux Jugement dernier, objet de tant
d'éloges et de tant de critiques, et dont l'importance
en effet est telle, que depuis près de trois cents ans
il est la matière de toutes les discussions, de toutes
les études, de tous les parallèles, sans qu'à cet égard
les opinions des connaisseurs soient encore fixées sur
le point juste de l'éloge ou de la critique.

FIN DU TOME CINQUIÈME.

www.ingramcontent.com/pod-product-compliance
Lightning Source LLC
Chambersburg PA
CBHW060421200326
41518CB00009B/1444